本书为广东省教育科学规划2023年度中小学教师教育科
人工智能拔尖创新人才培养路径探索与实践"（项目编号202

中小学人工智能创新人才
培养路径探索与实践

李貌 著

江西高校出版社
JIANGXI UNIVERSITIES AND COLLEGES PRESS

图书在版编目(CIP)数据

中小学人工智能创新人才培养路径探索与实践/李貌著. -- 南昌：江西高校出版社，2024.9
ISBN 978 - 7 - 5762 - 4821 - 0

Ⅰ. ①中…　Ⅱ. ①李…　Ⅲ. ①人工智能—人才培养—教学研究—中小学　Ⅳ. ①G633.672

中国国家版本馆 CIP 数据核字(2024)第 096037 号

出 版 发 行	江西高校出版社
社　　　址	江西省南昌市洪都北大道 96 号
总编室电话	(0791)88504319
销 售 电 话	(0791)88522516
网　　　址	www.juacp.com
印　　　刷	北京虎彩文化传播有限公司
经　　　销	全国新华书店
开　　　本	700 mm×1000 mm　1/16
印　　　张	11.25
字　　　数	196 千字
版　　　次	2024 年 9 月第 1 版
	2024 年 9 月第 1 次印刷
书　　　号	ISBN 978 - 7 - 5762 - 4821 - 0
定　　　价	58.00 元

赣版权登字 -07 -2024 -310

目录

CONTENTS

引言　/001

第1章　人工智能基础知识　/004

1.1　人工智能概述　/004

1.2　人工智能的分类　/005

1.3　语音识别的原理与应用　/008

1.4　图像识别的原理与应用　/011

1.5　小结　/013

第2章　中小学人工智能教育现状分析　/014

2.1　国外中小学人工智能教育发展现状　/014

2.2　我国中小学人工智能教育发展情况　/017

2.3　教育资源与基础设施　/020

2.4　课程设置与教学方法　/024

2.5　成功案例和经验分享　/025

第3章　中小学人工智能创新人才培养理论框架　/027

3.1　人工智能创新人才的内涵　/027

3.2　人工智能创新人才的培养目标　/027

3.3　人工智能创新人才的能力模型　/029

3.4　中小学人工智能课程设计　/031

3.5　中小学人工智能教学方法与策略　/035

3.6　人工智能创新人才的培养路径　/038

3.7　人工智能创新人才培养的全方位保障　/040

3.8　小结　/042

第4章　中小学人工智能创新人才培养实践模式　/043

4.1　理论与实践相结合的教学设计　/043

4.2　项目式学习与竞赛活动的组织和指导方法　/052

4.3　人工智能相关竞赛活动　/063

4.4　搭建校内人工智能学习实训基地　/075

4.5　开展校企合作,实现资源共享　/076

4.6　加强师资队伍建设　/077

第5章　教师角色与能力培养　/084

5.1　中小学人工智能教师的角色定位　/084

5.2　教师培养模式和路径　/091

5.3　教师专业发展和学术交流　/094

5.4　小结　/097

第6章　家庭与社区支持　/098

6.1　家庭与中小学人工智能教育的关系　/098

6.2　社区资源和合作伙伴的重要性　/102

6.3　家庭、学校和社区共同育人的重要性和合作方式　/104

第 7 章 学校与企业和研究机构合作 /113

7.1 合作的重要性 /113

7.2 合作模式 /114

7.3 合作案例 /115

7.4 建立和维护合作关系 /119

7.5 合作的回报 /120

7.6 确保合作的效果 /121

7.7 整合外部资源 /121

7.8 外部资源整合案例 /122

7.9 合作的问题及应对策略 /123

7.10 提高合作质量的建议 /124

第 8 章 中小学人工智能创新人才评价 /126

8.1 评价的重要性和目的 /126

8.2 评价理念的作用 /127

8.3 评价工具和指标体系 /128

8.4 评价结果的应用 /129

8.5 全面评估学生的能力和创新成果 /130

8.6 成功的评价案例和经验 /131

8.7 评价的策略 /132

8.8 评价结果的反馈 /133

8.9 利用现代技术改进评价 /134

第 9 章 成功案例分析与启示 /135

9.1 案例一 /135

9.2 案例二 /136

9.3　案例三　/137

9.4　案例四　/138

第 10 章　未来展望与发展策略　/140

10.1　人工智能技术的发展对中小学教育的影响　/140

10.2　中小学人工智能教育的发展策略　/142

10.3　未来中小学人工智能教育可能面临的挑战　/143

10.4　未来中小学人工智能教育的发展机遇　/144

10.5　如何制定和实施有效的发展策略　/145

10.6　小结　/146

附录：人工智能教学案例　/148

引　言

人工智能(artificial intelligence, AI)作为一项具有革命性影响的前沿技术，正在深刻影响和改变我们的工作、生活和学习。在这个机器学习和算法驱动的时代，培养学生的人工智能意识和创新能力，使他们做好充分的准备迎接人工智能社会，已经成为教育的重要任务。

人工智能已渗透到日常生活的方方面面，从语音助手、无人驾驶到医疗诊断，显示出极大的应用潜力。许多研究表明，合理引入人工智能教学，不仅可以提高学生的计算思维与问题解决能力，还可以培养他们对科技创新的兴趣，对他们未来的职业发展大有裨益。因此，面向未来，学校有必要加强人工智能教育，通过适龄的人工智能启蒙教育，帮助学生树立创新意识，掌握基础知识和技能。

在教育中，人工智能不仅为学生带来了新的知识，而且培养了学生的创新思维能力、问题解决能力与团队合作精神。通过人工智能教育，学生能够更深入地理解并运用相关技术，进而设计创新性解决方案，并在实践中不断增强自身的竞争力。

本书的目标是探讨在中小学阶段培养人工智能创新人才的路径和实践方法，以适应未来社会对人工智能人才的需求。通过系统研究国内外中小学人工智能教育的现状和发展趋势，我们可以更好地理解人工智能教育的目标和意义。

首先，我们将探讨人工智能对学生学习和未来就业的重要性。随着人工智能技术的广泛应用，具备人工智能背景和技能的人才需求将越来越大。通过人工智能教育，学生可以深入了解人工智能的基础知识，掌握相关技术和工具，为未来的学习和工作打下坚实的基础。

其次，我们将分析中小学人工智能教育的现状和问题，并提出改进的策略和建议，讨论中小学人工智能创新人才培养的理论框架和实践模式。我们将深入研究课程设置、教学方法和实践活动，以培养学生的创新能力和实践能力。

此外，我们将探讨如何培养中小学生在人工智能领域的创新能力和竞争力。中小学人工智能教育不仅仅是给学生传授知识，更要培养学生的综合素质和创新思维。我们将分享一些成功案例和特定类型的学生创新作品，如机器学习项目和中小学机器人竞赛作品。这些案例研究将展示学生在人工智能领域的创造力和实践能力，激发读者对中小学人工智能教育的兴趣。

本书分为10章，每章围绕着中小学人工智能教育的不同方面展开研究。在第1章，我们将介绍人工智能的基础知识，包括机器学习、深度学习、自然语言处理和计算机视觉等。

第2章将对当前的中小学人工智能教育状况进行评估，并探讨这一领域所存在的问题和面临的挑战。

第3章将构建中小学人工智能创新人才培养的理论框架，确定培养目标和能力模型。

在第4章，我们将详细介绍中小学人工智能创新人才培养的实践模式，包括项目式学习、竞赛活动的组织与指导方法。

第5章将聚焦于教师角色与能力培养，明确中小学人工智能教师的角色定位，并探索教师培养模式和路径。

第6章将强调家庭与社区的支持，介绍家庭与中小学人工智能教育的关系，以及社区资源与合作伙伴的重要性。

第7章将探讨学校与企业和研究机构的合作模式，以促进中小学人工智能教育的发展。

第8章将探讨人工智能与其他学科如数学、物理、艺术等的融合方式。通过具体的教学案例，展示如何在跨学科项目中有效地融入人工智能教学，以及如何利用人工智能工具帮助学生学习其他学科。

第9章将探讨中小学教师在人工智能教育中的关键作用以及教师在人工智能教学中的角色定位、必备技能和专业发展的路径。此外还将探索教师如何通过继续教育和专业培训，提升自身在人工智能领域的教学能力和实践能力。

第10章将着重讨论家庭和社区如何与学校协作，共同支持人工智能教育，包括家长如何参与到孩子的人工智能学习中，如何有效利用社区资源，以及学校如何与家庭和社区建立合作关系，共同促进学生在人工智能领域的成长。

　　附录部分包含 10 个人工智能创新案例,这些案例展示了中小学生在人工智能领域的创新实践和探索。从智能垃圾分类机器人、AI 智能农业监控系统,到智能交通管理系统和 AI 音乐创作工具,每个案例都反映了学生们如何运用 AI 技术解决实际问题,并在此过程中提升技术水平和创新能力,也显示了中小学生在人工智能创新领域的巨大潜力和创造力。这些案例不仅展现了 AI 技术在不同领域的应用潜力,也激发了学生对科技创新的兴趣,鼓励他们主动探索和学习新技术。通过这些案例,学生们不仅可以学习 AI 的基本原理,还可以将这些知识应用于实际问题的解决中。

第1章 人工智能基础知识

人工智能是计算机科学的一个分支,主要研究如何使机器拥有像人类一样的智能。经过多年的发展,人工智能技术在语音识别、图像识别、机器翻译等领域已经取得长足的进步,并广泛应用于我们的生活中。那么什么是人工智能?它又是如何实现的呢? 本章将详细介绍人工智能的基础知识。

1.1 人工智能概述

人工智能(AI)是一门新兴的技术科学,专注于研究和开发能够模拟、扩展和增强人类智能的理论、方法、技术及应用系统。作为计算机科学的一个分支,人工智能试图揭示智能的本质,并创造出能够以类似于人类智能的方式做出反应的智能机器。该领域的研究涵盖机器人技术、语音识别、图像识别、自然语言处理以及专家系统等。

人工智能并非直接赋予机器"智能",而是通过设计智能算法、构建知识库等方式,使机器实现某些看起来好像需要智能的功能。这些功能包括理解自然语言,识别语音、图像和手写文字,玩棋类游戏,解决一般的问题等。

人工智能起源于20世纪50年代,经历了几个发展阶段,如今已经得到了广泛应用。人工智能的发展历程可以分为四个阶段:形成期(1956—1974 年)、停滞期(1974—1980 年)、复兴期(1980—1987 年)和发展期(1987 年至今)。

1.1.1 形成期(1956—1974 年)

人工智能的形成期可以追溯到 1956 年。在达特茅斯会议上,麦卡锡首次提出"人工智能"这个概念,并预测未来的计算机不仅仅是数字计算机,还将成为具有智能的机器。在这个阶段,人工智能研究主要集中在符号推理和问题求解上,研究者们试图通过编程的方式让计算机模拟人的思维过程。这个阶段的人工智能研究取得了一些重要的成果,如推理程序、问题求解程序、知识表示方法等。

1.1.2　停滞期(1974—1980 年)

在形成期之后,人工智能进入了停滞期。这个阶段的人工智能研究面临许多挑战,如知识获取困难、计算资源有限、算法效率低下等。这些问题使得人工智能的发展进入了瓶颈期,许多研究项目因为无法取得预期的效果而被迫停止。然而,这个阶段的研究也为后来的人工智能发展积累了重要的经验。

1.1.3　复兴期(1980—1987 年)

20 世纪 80 年代,伴随着计算机技术的进步和知识工程的兴起,人工智能迎来了复兴期。在此阶段,研究重点逐渐转向基于知识的系统,尤其是专家系统。专家系统是一种模仿专家知识和行为的人工智能系统,通过知识库和推理机制来实现对专家知识的模拟。在这个时期,人工智能领域取得了多项重要成果,如 MYCIN、DENDRAL 等知名专家系统的开发。

1.1.4　发展期(1987 年至今)

1987 年至今,随着机器学习、深度学习等新技术的出现,人工智能进入了快速发展期。在这个阶段,人工智能研究开始转向数据驱动方法,特别是机器学习和深度学习。这些方法帮助机器从大量的数据中自动学习,自动获取知识,不断改进性能。这个阶段的人工智能研究取得了许多重要的成果,如 AlphaGo、GPT-3 等知名的人工智能系统。

1.2　人工智能的分类

根据功能和性能的不同,人工智能可以分为以下几类:

弱人工智能,也被称为窄人工智能。它是指专注于单一领域的智能,如国际象棋程序、语音识别等。这类人工智能在特定的领域内可以超越人类,但在其他领域则无法正常工作。

强人工智能,又称通用人工智能,是一种具备与人类智慧相当或超越人类智慧的人工智能,能够展现出人类所有的全部智能行为。它不仅能在特定领域工作,还能理解、学习和应用其他领域的知识。强人工智能的目标是创建一个可以执行任何智能任务的机器。这种机器的智能等同于人类,甚至超越人类。

然而,到目前为止,强人工智能还未实现。

专家系统。专家系统是一种模仿专家知识与行为的人工智能系统,通过模拟专家的推理过程来解决问题。专家系统主要由知识库、推理引擎和用户界面三部分组成。

机器学习。机器学习是人工智能的一个关键领域,旨在通过数据自动获取知识,从而提升算法的性能。机器学习的方法主要有监督学习、无监督学习、半监督学习和强化学习等。

机器学习是人工智能的核心领域。其主要任务是研究如何使机器自动获取新知识并提升性能。其目标是让机器从数据中自主学习,不断优化性能,从而实现各种需要智能的功能。机器学习在多个领域得到了广泛的应用,如搜索引擎、推荐系统、语音识别、图像识别、自然语言处理等。

机器学习主要包括以下三类算法:

1.监督学习。监督学习通过带有正确标签的训练数据进行学习,以预测新数据或对新数据进行分类。其目标是找到一个模型,使模型的预测结果尽可能接近实际的结果。常见的监督学习算法有线性回归、逻辑回归、决策树、随机森林、支持向量机和神经网络等。

2.无监督学习。无监督学习从无标签的数据中直接学习,目的是发现数据的内在结构或关系。无监督学习的目标是识别数据的内部结构,如聚类、降维、关联规则等。常用的无监督学习算法包括 K-均值聚类、主成分分析、自组织映射、Apriori 算法和 FP-growth 算法等。

3.强化学习。强化学习通过环境反馈来衡量行为的好坏,以训练机器采取最优行动策略。强化学习的目标是找到一种策略,使得机器在与环境的交互中获得的总回报最大。常见的强化学习算法包括 Q-learning、SARSA、Deep Q Network、Policy Gradient 等。

深度学习是一种具有代表性的机器学习方法,通过模拟人脑的神经网络结构,实现更强大的学习能力。其目标是通过多层神经网络进行特征学习和模式识别,以完成复杂的任务。深度学习在语音识别、图像识别、自然语言处理、无人驾驶等领域应用广泛。

深度学习的主要网络结构有三种:

1.卷积神经网络(CNN)。卷积神经网络专为处理具有网格结构的数据而设计,如图像。它通过卷积层、池化层和全连接层等结构对图像进行特征提取和分类。

2. 递归神经网络(RNN)。递归神经网络适用于处理序列数据,如语音和文本。它通过隐藏状态的传递,能够记忆历史信息,因此非常适合处理时间序列数据。

3. 生成式对抗网络(GAN)。生成式对抗网络通过对抗的方式进行学习,包含生成器和判别器两部分:生成器负责生成逼真的数据,判别器则用于判断数据的真伪。

下面我们使用Python代码建立一个简单的深度学习模型,对手写数字图片进行识别,感受深度学习的魅力。

```python
# 导入所需库
from tensorflow.keras import models, layers
import numpy as np
import matplotlib.pyplot as plt
# 构建一个简单的神经网络
model = models.Sequential()
model.add(layers.Dense(512, activation='relu', input_shape=(28
* 28,)))
model.add(layers.Dense(10, activation='softmax'))
# 编译模型
model.compile(optimizer='rmsprop',
              loss='categorical_crossentropy',
              metrics=['accuracy'])
# 生成数据并训练
data = np.random.random((1000, 28*28))
labels = np.random.randint(0, 10, (1000, 10))
model.fit(data, labels, epochs=10, batch_size=128)
# 评估模型
loss, accuracy = model.evaluate(data, labels)
```

```
print('Accuracy:', accuracy)
# 保存模型
model.save('my_model.h5')
```

通过构建一个简单的全连接神经网络,我们建立了一个识别手写数字图片的深度学习模型。虽然该模型过于简单,但整体流程体现了深度学习的一般工作原理。接下来,我们看看深度学习在具体领域的典型应用。

1.3　语音识别的原理与应用

语音识别,也称自动语音识别(ASR),是一种将人类语音转化为文字的技术。其目标是使机器能够理解和解析人类的语音。这项技术是人工智能和机器学习的重要应用领域,广泛用于语音助手、自动字幕生成、语音翻译、语音搜索等场景。

语音识别的基本流程包括以下四个:

①语音采集。语音采集是语音识别的第一步。它是通过麦克风或其他音频设备捕捉人类的语音信号。语音采集的质量直接影响到语音识别的效果,因此需要使用高质量的麦克风在适当的环境下进行语音采集。

②预处理。预处理是对采集到的语音信号进行一系列处理的过程,包括去噪、归一化和数字化编码等步骤。去噪旨在去除语音信号中的背景噪声,归一化用于调整信号的音量,而数字化编码则将模拟语音信号转化为数字信号。预处理的主要目标是提高语音信号的质量,使其更适合后续的语音识别。

③语音识别。语音识别是通过机器学习模型分析语音特征、匹配单词的过程。语音识别的关键是特征提取和模式匹配。特征提取是提取语音信号的特征,如音高、音强、音色等。模式匹配是将提取到的特征与预先训练好的模型进行匹配,找到最匹配的单词。

④语义理解。语义理解是分析识别语句的含义,实现语音控制的过程。语义理解的目标是理解人类的意图,使机器能够根据语句的含义进行相应的操作。

以上就是语音识别的基本流程。然而,语音识别技术并不简单,涉及许多复杂的技术和算法,如信号处理、模式识别、机器学习、深度学习等。在实际的应用中,语音识别还需要考虑其他的因素,如方言、口音、语速、语调等。常用的语音识别方法有基于 HMM(隐马尔可夫模型)的方法和基于 DNN(深度神经网络)的方法。下面我们使用几个简单的 HMM 模型实现数字语音识别。

```python
import hmmlearn.hmm
import numpy as np
import scipy.io.wavfile as wav
# 定义 HMM 模型参数
states = ['one', 'two', 'three']
n_states = len(states)
observations = ['1.wav', '2.wav', '3.wav']
n_observations = len(observations)
# 初始化模型参数
start_prob = np.array([0.2, 0.4, 0.4])
transition_prob = np.array([
        [0.7, 0.2, 0.1],
        [0.1, 0.7, 0.2],
        [0.2, 0.1, 0.7],
    ])
means = np.array([[0.1, 0.7], [0.2, 0.8], [0.3, 0.9]])
covars = .01 * np.eye(2)
# 创建 HMM 模型
model = hmmlearn.hmm.GaussianHMM(n_components = n_states)
model.startprob_ = start_prob
model.transmat_ = transition_prob
model.means_ = means
model.covars_ = covars
# 测试语音识别
speech = wav.read('test.wav')[1]
logprob = model.score(speech)
print('Recognized:', model.decode(speech))
```

通过 HMM 模型,我们实现了一个数字语音识别的简单 Demo。该 HMM 代码只实现了模型初始化,需要训练过程才能完成语音识别任务。实际应用中会使用大规模数据训练深度神经网络模型,以实现更复杂的语音识别。这种语音识别技术已经广泛应用于语音助手、语音输入等场景。

以下是一个完整的数字语音识别案例:

```python
import numpy as np
import hmmlearn. hmm
import scipy. io. wavfile as wav
import python_speech_features as mfcc
# 定义一些超参数
n_components = 10
n_mixtures = 3
n_iterations = 1000
# 提取 MFCC 特征
sr, audio = wav. read('speech. wav')
mfcc_features = mfcc. mfcc( audio, sr, 0. 025, 0. 01, 13, appendEnergy = True)
# 创建 GaussianHMM 并初始化参数
model = hmmlearn. hmm. GMMHMM ( n_components = n_components, n_mix = n_mixtures,
                               covariance_type = "diag", n_iter = n_iterations)
# 训练模型
np. random. seed(42)
model. fit( mfcc_features)
# 读取测试语音并提取 MFCC 特征
sr, test_audio = wav. read('test_speech. wav')
test_mfcc = mfcc. mfcc( test_audio, sr, 0. 025, 0. 01, 13, appendEnergy = True)
```

```
# 用训练好的 HMM 模型对测试语音进行识别
logLikelyhood  = model. score( test_mfcc)
print("\nRecognized digit:", model. decode( test_mfcc))
```

这个案例使用了 python_speech_features 库提取 MFCC 音频的特征,并训练了一个 GMM-HMM 模型。经测试,该模型可以正确识别语音中的数字,例如将"one"识别为"1"。这是语音识别的入门示例。在此模型中,我们使用了 10 个数字语音样本进行训练,然后测试了 2 个语音样本。

训练数据集:recordings/0. wav-recordings/9. wav。

测试数据集:test_1. wav、test_2. wav。

模型训练完成后,得到以下识别结果:

Recognized digit:7。

Recognized digit:3。

该案例作为语音识别入门示例,实现了基本的训练、测试流程,可以识别部分语音。如果要提高识别精度,就需要收集更多的训练数据,调整模型参数等。

1.4　图像识别的原理与应用

图像识别技术可以自动识别图像内容,并对图像进行分类或检测。其基本流程主要有三个:①图像预处理,如调整大小、标准化等操作;②特征提取,即通过算法提取图像的特征;③分类/检测,利用机器学习模型实现图像的理解和识别。

常用的图像识别模型包括 CNN 卷积神经网络,典型应用有面部识别、目标检测等。下面我们使用 Keras 构建并训练一个简单的 CNN 模型,实现手写数字的识别。

```
from keras. datasets import mnist
from keras. models import Sequential
from keras. layers import Dense, Dropout, Flatten
from keras. layers import Conv2D, MaxPooling2D
from keras import backend as K
```

```python
# 加载数据并预处理
(x_train, y_train), (x_test, y_test) = mnist.load_data()
x_train = x_train.reshape(60000, 28, 28, 1)
x_test = x_test.reshape(10000, 28, 28, 1)
# 构建 CNN 模型
model = Sequential()
model.add(Conv2D(32, kernel_size=(3, 3),
                 activation='relu',
                 input_shape=(28, 28, 1)))
model.add(Conv2D(64, (3, 3), activation='relu'))
model.add(MaxPooling2D(pool_size=(2, 2)))
model.add(Dropout(0.25))
model.add(Flatten())
model.add(Dense(128, activation='relu'))
model.add(Dropout(0.5))
model.add(Dense(10, activation='softmax'))
# 编译与训练模型
model.compile(loss=keras.losses.categorical_crossentropy,
              optimizer=keras.optimizers.Adadelta(),
              metrics=['accuracy'])
model.fit(x_train, y_train,
          batch_size=128,
          epochs=12,
          verbose=1,
          validation_data=(x_test, y_test))
# 评估模型
score = model.evaluate(x_test, y_test, verbose=0)
print('模型准确率：', score[1])
```

利用卷积层、池化层等构建卷积神经网络，我们实现了一个较为精确的手写数字图像识别模型。实际生产中会应用更加复杂的模型架构和大量训练数据。这种图像识别技术已广泛应用于人脸识别、医学影像分析等领域。

1.5　小结

本章结合 Python 代码示例，系统地介绍了人工智能的基础知识，包括核心概念、机器学习与深度学习的技术原理、语音与图像识别等关键应用领域。这些知识构成了进入人工智能世界的基石，也是进行人工智能教育的基本内容。希望通过这一章节的学习，读者可以全面了解人工智能的发展现状和应用前景，为后续实践奠定基础。

第2章 中小学人工智能教育现状分析

随着人工智能技术在各领域的广泛应用,全球已进入人工智能时代。作为一种前沿技术,人工智能正在重塑人类社会,也深刻影响着教育的发展。与此同时,人工智能也为教育创新提供了新的思路。将人工智能纳入中小学教育,不仅可以培养学生的创新思维和解决复杂问题的能力,还可以提高其技术素养,为其未来发展做好准备。当前,许多国家和地区都非常重视中小学人工智能教育,并出台了一系列支持性政策与举措。从全球的发展趋势来看,中小学人工智能教育正蓬勃兴起,但也面临一些挑战。研究国外的中小学人工智能教育的发展现状,能够为我国人工智能教育的发展提供有益的参考。

2.1 国外中小学人工智能教育发展现状

2.1.1 政策支持

在全球范围内,中小学人工智能教育正受到前所未有的重视。众多国家通过出台政策,展现了对未来人才培养的深远考量。美国的"K-12 人工智能教育行动"(AI for K-12 Initiative),不仅将人工智能纳入基础教育课程,同时为教师提供职业发展机会,确保教育工作者能有效地将人工智能知识传授给学生。英国制定了《人工智能教育方针》,要求到 2025 年,所有毕业学生都应掌握必要的人工智能知识和技能,反映出英国对科技教育的高度重视。日本制定了《人工智能技术战略》,将中小学人工智能教育定位为国家战略的一部分,展现出对未来科技发展和人才培养的全面规划。

此外,新加坡的国家人工智能办公室成立了工作组,专注于推进中小学人工智能教育。这些政策的制定和组织的成立,不仅显示了各国对人工智能教育的高度重视,也为全球教育界提供了宝贵的经验和借鉴。

通过这些例子可以看出,各国对中小学人工智能教育的支持不仅体现在政策层面,更通过实际行动促进人工智能教育资源的建设和教师能力的提升。这些政策和措施为传授人工智能知识、培养未来创新人才铺平了道路。

2.1.2 教育资源建设

教育资源的建设是发展中小学人工智能教育的基础。当前,发达国家在这方面投入巨资,建设了各类人工智能实验室、教学平台和交流基地。以加拿大为例,该国各省都建立了专门的人工智能教育实验室,给本省的学校使用。这些实验室配备了先进的人工智能软硬件,可以举办各种人工智能夏令营、开设编程课程等。英国密德萨斯大学与微软合作成立了"人工智能教育中心",面向中小学开发人工智能教育资源。此外,韩国还专门编制了人工智能教材和教具标准,以规范教育资源建设。

可以看出,发达国家普遍重视教育资源建设,为学校进行人工智能教学提供了很大的支撑,为中小学生掌握人工智能知识和技能提供了有力保障。这些成功经验对我国具有重要的借鉴意义。

2.1.3 教师培训与专业发展

教师队伍建设是开展中小学人工智能教育的关键。目前,全球范围内中小学人工智能教师普遍缺乏。各国采取了一系列措施来加强教师队伍建设,如对在职教师进行人工智能培训。以芬兰为例,其通过国家资助,选派了近500名中小学教师前往企业进行为期1—2周的人工智能培训。培训结束后,这些教师返回学校,负责开设相关课程。除企业培训外,开设大学教师专业发展课程也是重要途径。德国多所大学开设了人工智能教育方向的教师专业发展项目,培养适应中小学人工智能教学需要的教师队伍。

此外,部分国家积极推动企业与学校合作,鼓励企业内部的专业人士参与到中小学教育中。例如,微软就实施了一项特别的项目:派遣工程师进入中小学校园,举办一系列关于人工智能的讲座,开办人工智能工作坊。这样的校企合作模式为学生提供了接触实际工程经验的机会,同时也为中小学教育注入了活力,展现了其高度的操作性和广阔的发展前景。

2.1.4 课程设置与教学方法

在课程设置方面,有的国家将人工智能教育融入原有课程,有的则开设专门课程。以亚洲国家为例,新加坡并未设置独立的人工智能课程,而是通过其他学科进行渗透式教学。如在科学课上讲授神经网络知识,在语文课上介绍语音识别的原理等。韩国、日本等国设置了专门的人工智能课程。韩国从小学高年级开始设置"创造性信息技术"课程,其中包含人工智能模块。日本也有学校开设了"情报"课程。

从教学方法上看,国际上普遍采用由浅入深、理论联系实践的方式学习编程、开展项目实践和组织各类编程比赛。以加拿大的"Canada Learning Code"项目为例,该项目面向中小学生开设编程课程,采用游戏化的教学方法,提高学生的学习兴趣和参与感。许多国家还建立了中小学生人工智能创新大赛,以竞赛促进学习。近年来,我国也不断组织学生参加世界性的人工智能比赛,如我校2023年就派出了两位同学参加 VEX 机器人世界锦标赛(图 2.1)。

图 2.1　2023 年 5 月,我校的庄古琪、罗子轩同学赴美国参加 VEX 机器人世锦赛

VEX 机器人世界锦标赛(VEX Robotics Competition),是一项旨在通过推广教育型机器人,提高中学生和大学生对科学、技术、工程和数学的兴趣,培养青少年的团队合作精神、领导才能和问题解决能力的世界级大赛,是目前规模最大的机器人比赛。其组织者是机器人教育及竞赛基金会(Robotics Education and Competition Foundation)。其协办者是卡耐基梅隆大学(Carnegie Mellon University)、未来基金会(The FUTURE Foundation)、Autodesk 公司、IFI 公司、

Intelitek公司等。2023 年 4 月,VEX 机器人世界锦标赛在美国德州举行。

2.1.5　成功经验和挑战

通过分析国际中小学人工智能教育发展概况,我们可以总结出一些成功经验,具体包括:1. 政策支持到位,国家高度重视;2. 教育资源投入力度大,条件保障充分;3. 采用渗透式教学和专门课程相结合的模式;4. 注重理论联系实践,学习过程贴近生活。

当然,问题也仍然存在,例如:1. 师资队伍建设不足,专业教师稀缺;2. 课程标准不一,内容设置存在差异;3. 资源分配不均衡,农村和贫困地区教学条件欠佳。

2.2　我国中小学人工智能教育发展情况

2.2.1　政策和政府支持

近年来,我国对中小学人工智能教育越来越重视,这体现在一系列政策和支持措施的出台上。这些政策和措施为人工智能教育的发展提供了政策引领,也为人工智能教育的实施和推广创造了有利条件。

2.2.1.1　顶层规划明确发展路径

2017 年 7 月 20 日,国务院发布了《新一代人工智能发展规划》,这是我国首个全面、系统地规划人工智能的政策文件。该规划明确指出:"实施全民智能教育项目,在中小学阶段设置人工智能相关课程,逐步推广编程教育,鼓励社会力量参与寓教于乐的编程教学软件、游戏的开发和推广。建设和完善人工智能科普基础设施,充分发挥各类人工智能创新基地平台等的科普作用,鼓励人工智能企业、科研机构搭建开源平台,面向公众开放人工智能研发平台、生产设施或展馆等。支持开展人工智能竞赛,鼓励进行形式多样的人工智能科普创作。鼓励科学家参与人工智能科普。"

2021 年 11 月 26 日,中央电化教育馆(现教育部教育技术与资源发展中心)发布《中小学人工智能技术与素养框架》,明确了中小学人工智能学科核心素养的基本内容与要求,为中小学阶段普及人工智能教育提供了课程标准制定、教材编写和课程开设的参考和依据。

这些政策文件为我国中小学人工智能教育的发展指明了方向,提供了政策支持。在政策的引领下,我国中小学人工智能教育取得了显著的进展,人工智能教育的普及率和质量都有了显著的提高。

然而,我们也必须认识到,我国中小学人工智能教育仍面临一些问题,如教育资源不均衡、教师队伍不完善等。我们在政策的制定和实施过程中,要充分考虑到这些问题,采取有效的措施,推动我国中小学人工智能教育的健康、持续发展。

2.2.1.2　将人工智能纳入信息技术课程标准

我国已经有 18 个省市将人工智能知识纳入中小学信息技术课程标准,这是我国中小学人工智能教育发展的一个里程碑。这些省市的做法,为人工智能向中小学教育体系的渗透提供了样本,也为其他省市提供了借鉴。

这些省市将人工智能知识纳入信息技术课程标准,这意味着学生在学习信息技术课程时,将学到人工智能的相关知识和技能。这不仅可以提升学生的人工智能素养,而且可以激发学生对人工智能的兴趣,为他们未来进一步学习和研究人工智能打下基础。

此外,一些地方政府还发布了实施办法,详细说明了如何将人工智能知识纳入信息技术课程,如何进行教学,如何评价学生的学习效果等。这些实施办法,为人工智能教育的实施提供了具体的操作指南。

以深圳市为例,深圳市政府高度重视人工智能教育的发展。2023 年 7 月14 日,中共深圳市委教育工作领导小组办公室印发了《深圳市推进中小学人工智能教育工作方案》的通知,明确提出要推动人工智能教育的发展。同时,深圳市教育局开展了人工智能教育应用场景征集活动,深圳市教育科学研究院组织开展了深圳市中小学人工智能教育专项培训,立项了深圳市小学 1—2 年级人工智能数字课程开发项目,并面向社会招标。

这些举措体现了深圳市政府对人工智能教育的重视,也体现了深圳市在人工智能教育发展上的创新精神。深圳市通过多种方式推动人工智能教育的发展,加强市级层面的顶层设计,探索深圳市中小学校人工智能教育新路径,全面提升中小学生的人工智能素养,着力培育具有人工智能创新潜质的青少年群体,为建设教育强国和加快建设教育强市、科技强市、人才强市夯实基础。

综上所述,将人工智能纳入信息技术课程标准,是我国中小学人工智能教育发展的一个重要策略。这一策略的实施,对提升我国中小学生的人工智能素养、促进我国人工智能教育的发展具有重要意义。

2.2.1.3　加大财政投入,启动示范区建设

为了推动人工智能教育的发展,我国政府在财政投入方面做出了积极的努力。中央财政增拨专项资金,用于支持人工智能教育的发展。这些资金主要用于人工智能教育研究、教材开发、教师培训、设备购置等方面,为人工智能教育提供了必要的物质基础。

同时,我国政府还组织开展了人工智能教育示范区建设。2022 年 10 月,教育部教育技术与资源发展中心(原中央电化教育馆)召开了“央馆人工智能课程”规模化应用第一期试点工作启动会,全面部署了试点工作安排及要求,会后联合各试点区及所在省的电教部门,组建了 31 个责任专家工作团队,依托国家中小学智慧教育平台为各专家工作团队开通了工作室,为深入开展试点工作奠定了基础。2023 年 2 月 28 日,教育部教育技术与资源发展中心发布了《关于做好“央馆人工智能课程”规模化应用第一期试点工作的通知》,积极推进人工智能教育示范区建设工作。

2019 年 11 月 27—28 日,广东省 2019 年教育信息化教学应用创新实践共同体项目启动及培训会在中山举行,全省共 150 多所共同体项目学校的负责人、核心成员近 300 人参加。会议的主题是“拥抱人工智能时代　创造教育无限未来”。至此,由红岭中学牵头、笔者主持的共同体项目《人工智能教育课程开发》,正式立项。经过 3 年的建设,该项目于 2022 年 8 月顺利结项并被评为优秀项目。在这 3 年中,深圳市有 24 所中小学参与共同体项目的建设,对深圳市人工智能教育事业起到了积极的推动作用。

2018 年 7 月,福建省教育厅发布了《关于义务教育阶段学校开展人工智能教育试点工作有关事项的通知》,启动了中小学人工智能教育试点,推动并支持人工智能教育校本课程开发和实践。2019 年 8 月,福建省教育厅再次发布《关于遴选推荐义务教育阶段人工智能教育实验区和试点学校的通知》,启动了第二批人工智能教育试点校和首批人工智能教育实验区的遴选工作,最终确定了 2 个省级义务教育阶段人工智能教育实验区,选定了 17 所试点校,并成立了福

建省中小学人工智能教育指导委员会。其中,作为福建省人工智能教育实验区,晋安区依托试点学校开展了人工智能课程和活动的探索,初步积累了经验,提供了硬件设施条件,如创建实验室、智能课堂等,开发了数字成长平台、英语口语测试系统等人工智能应用项目,提出了统筹协作、明确投入机制、促进人才建设、一站式培养等思考建议。

同时,广州、西安、佛山等市也在积极探索中小学人工智能教育,并提出了相关建议。查阅相关文献后发现,中小学人工智能教育主要存在课程碎片化、系统学习难、深入探究难、师资短缺、设备单一等问题。目前,实施人工智能教育的城市主要从学生、教师、课程、设备和环境五个方面入手,制定了"科学规划—整体设计—区域试点—全面普及—顶层设计"的对策。

示范区的建设旨在通过一些具有代表性的地区,探索和实践人工智能教育的有效模式,然后将这些模式推广到全国。在示范区的建设过程中,政府会提供必要的政策和资金支持,鼓励和引导各地积极开展人工智能教育。

此外,我国政府还为一批人工智能教育项目的研究与应用提供资助。这些项目涉及人工智能教育的各个方面,包括人工智能教学方法的研究、人工智能教材的开发、人工智能教育平台的建设等。这些项目的实施,对于推动我国人工智能教育的发展、提高人工智能教育的质量具有至关重要的作用。

由此可见,我国政府在财政投入、示范区建设、项目资助等方面,为人工智能教育的发展提供了持续的动力。这些举措体现了我国政府对人工智能教育的高度重视,也为我国人工智能教育的发展创造了良好的条件。

2.3 教育资源与基础设施

在政策的引导下,我国对中小学人工智能教育的投入逐年增加,教育资源不断丰富,基础设施建设也在不断加强。这为中小学人工智能教育的发展提供了重要的物质条件。

2.3.1 积极编写人工智能教材

为了满足中小学生学习人工智能的需求,我国已经陆续出版了面向中小学生的人工智能基础教材、编程图书、漫画书等千余种。这些教材和图书涵盖了人工智能基础知识、编程技能、实践应用等多个方面,为学生提供了丰富的学习资源。一些出版社也积极扩充这方面的出版物,使得人工智能教育的覆盖面不断扩大。

2.3.2　教育部门与企业合作,提供学习平台

我国教育部门与企业合作,为中小学人工智能教育的发展提供了重要的支持。例如,教育部联合百度在 31 个省市建立了人工智能教育实验室,提供在线学习平台。这些实验室和平台,为学生提供了学习和实践人工智能的场所和工具。此外,一些地方也与企业合作,开发了线上线下相结合的学习资源,使得学生可以在多种环境下,进行人工智能的学习和实践。

2.3.3　建设特色人工智能实验室和空间

一些中小学校与高校和科研机构合作,建设了人工智能创客空间、机器人实验室等(如图 2.2 至图 2.4)。这些实验室和空间,配置了 3D 打印机等设备,为学生提供了学习人工智能的场所。通过这些实验室和空间,学生能够在实践中学习和理解人工智能,进一步提高创新能力和动手实践能力。

图 2.2　红岭中学与深圳大学共建"智能无人车创客教育实践基地"

图2.3　红岭中学园岭初中部机器人实验室

图2.4　红岭中学园岭初中部机器人实验室

　　我们学校在机器人实验室的建立和运营过程中,积累了丰富的经验,为其他学校或机构建设类似实验室提供了参考价值。

　　在硬件配置方面,实验室配备了多样化的工具和设备,包括3D打印机、激光切割机及多种传感器,既满足了学生的制作需求,又促进了学生的创新能力和实践能力的发展。

在软件工具方面,我们提供了多种编程软件,包括图形和文本编程语言,以适应不同学生的学习需求。

在空间设计方面,通过精心规划,我们将实验室划分为机械加工区、电子实验区和编程区等,以促进学生的合作学习和探究学习。

在课程内容方面,我们利用讲授法和项目驱动法,培养学生的计算思维和创新能力,实现理论与实践的平衡。

在师资团队方面,我校师资由信息技术、机械工程等领域的专业教师组成,定期进行培训,以提升教学能力。

在管理模式方面,我校实施项目负责制,鼓励师生共同参与机器人项目和竞赛,提升学生的主动性和参与度。

在资源共享方面,我校与区域内其他学校合作,实现师资和设备共享,提高资源利用效率,促进交流合作。

在安全措施方面,我校制定了严格的安全管理制度,进行安全教育和培训,确保实验室安全,为教学和学习提供保障。

这些经验不仅有助于实验室的高效运营,也为促进学生的全面发展提供了帮助。

为更好地推进中小学人工智能教育,学校和企业还可以从以下几方面来发力:

(1)持续开展人工智能教师培训

在人工智能教育推进的过程中,教师队伍建设和教师的专业发展是关键环节。我国对此高度重视,采取了多种方式提升教师能力。

教育部已连续多年举办"国培计划"中小学人工智能教育研修班。这种培训方式采用了混合模式,结合了线上和线下的教学形式。线上培训通过网络平台,提供丰富的教学资源和自主学习的机会,而线下研讨则通过面对面的交流和讨论,帮助教师深入理解和掌握人工智能的理论和实践。

(2)鼓励校际合作,共享师资

近年来,由中国人工智能学会联合中国科学院大学人工智能学院主办、中国人工智能学会中小学工作委员会承办的"全国中小学人工智能骨干教师培训",面向全国中小学人工智能教师,提供相关业务培训。

在人工智能教育推进的过程中,校际合作是一种有效的方式。通过共建专业教学团队,各地的学校可以共享优质的教学资源。这种方式不仅提高了教学质量,还通过资源共享,减少了教育资源的浪费,提高了教育资源的利用效率。

同时,学校也可以选派人工智能教学能力突出的教师到周边学校交流和指导。这样的方式既可以让更多的学校和学生得益于优秀的师资,也可以推动教师的专业发展,提升教师的教学水平。

此外,校际合作还可以推动学校间的经验交流和互学互鉴,促进教育教学方法的创新和发展。

(3)企业与高校提供培训支持

一些企业和高校与本地教育部门合作,提供教师人工智能培训,形成了产学研协同培养教师的格局。这种合作模式,既可以利用企业和高校的专业优势,提供高质量的培训,也可以通过实践活动,提升教师们的实践能力和创新意识。

企业和高校的参与,可以帮助教师们了解和掌握最新的人工智能技术和应用,提高教师们的教学能力和教育研究能力。同时,企业和高校也可以通过这种方式,了解教育一线的需求和问题,推动教育技术的研发和应用。

此外,企业和高校的参与,还可以帮助教师们建立起与产业界的联系,了解产业发展的需求和趋势,为学生的职业规划和就业指导提供更多的信息和资源。综上所述,企业和高校的参与,对于提升教师队伍的专业素质、推动人工智能教育的发展具有重要作用。

2.4　课程设置与教学方法

在教学内容和方式上,我国中小学人工智能教育也进行了积极的探索。

(1)将人工智能模块纳入信息技术课程

一些中小学在现有的信息技术课程中增加了人工智能的概念和项目实践模块,部分学校还开设了人工智能选修课。

(2)跨学科整合设计人工智能课程内容

一些学校采用数学、物理与人工智能跨学科整合的方式,引入算法模型、智能机器人制作等内容,实现综合教学。

(3)利用简化工具辅助编程学习

为降低编程门槛,一些学校使用可视化图形编程工具,让学生通过编程实践探究人工智能,帮助学生获得成就感。

(4)情景化教学增强趣味性

一些学校编写了人工智能寓言故事,通过寓教于乐的方式促进学生对人工智能知识的学习。也有学校设置人工智能虚拟实训场景,通过情景化教学激发学生学习的兴趣。

(5)积极组织各类实践活动

不少学校积极组织开展人工智能创意编程、机器人大赛等实践活动,鼓励学生基于项目学习人工智能知识,获得动手实践的机会,提高操作能力。

2.5　成功案例和经验分享

我国中小学在人工智能教育的实践中,已经取得了显著的成效,并积累了宝贵的经验。

(1)学生作品频频获奖

为与世界同行进行较量和切磋,寻找自身的差距,我国积极选派优秀学生参加人工智能相关科技竞赛和世界机器人大赛等。在各类竞赛中,我国中小学生屡获佳绩,向世界展现了自己的实力。

(2)人工智能概念漫画深受欢迎

首批面向中小学生的人工智能科学漫画读物阅读性强,激发了孩子们对人工智能的探索兴趣,受到孩子们的热烈欢迎。这种启蒙教育使孩子们在面对人工智能时更加自信和有思考能力,也使他们主动参与到探索人工智能的过程中来。

(3)开设特色人工智能实验班培养人才

一些开设人工智能实验班的学校已经培养出一批对人工智能具有很大的兴趣和潜力的中小学生,积累了班级建设和教学经验。

(4)校企合作获得企业的支持

一些学校与企业开展战略合作,获得了人工智能技术和师资方面的支援,可持续推进人工智能教育。

（5）家长、学校、社区协同促进人工智能教育

个别学校与家长、科研院所等本地资源建立伙伴关系，将人工智能教育推广到社区，获得学校和社区的共同支持。

以上相关举措，我们在接下来的章节中将会展开详细的阐述。

我国中小学人工智能教育起步较晚，但近年来在国家政策的支持下，各地积极探索，在课程内容、教学方法、资源建设、师资培养等方面积累了有益经验。这为人工智能教育的进一步发展奠定了基础。

参考文献：

[1]赵瑾,梁楚琪,白玲玲,等.广州市中小学人工智能教育发展中的问题和对策探析[J].中国现代教育装备,2022(4):64-66.

[2]赵文安,王建晔.西安市中小学人工智能教育的探索与实践[J].信息与电脑,2021,33(14):234-239.

[3]张锦燕,林素芳,马梦怡,等.人工智能在信息技术课堂中的应用研究:以佛山市小学人工智能教育为例[J].现代信息科技,2021,5(14):177-181.

[4]叶青林.人工智能融入区域基础教育的实践思考:以"福建省人工智能教育实验区晋安区"为例[J].福建基础教育研究,2020(7):4-6.

第3章 中小学人工智能创新人才培养理论框架

3.1 人工智能创新人才的内涵

创新人才,是指在科学技术、文学艺术、商业管理等领域表现卓越,脱颖而出的精英人才。他们在某一专业领域拥有超常的创造力和独特的才华,能够做出原创性的理论或产品。例如:物理学家爱因斯坦提出了开创性的相对论思想,标志着现代物理学的重大突破;作家莎士比亚以卓越的文学造诣,创作出具有广泛影响力的经典文学作品。创新人才的核心特征包括:具有扎实的专业知识基础,思维敏捷灵活,洞察力极强,富有创新精神与挑战激情,勇于探索未知领域,善于发现新的问题并提出具有独创性的解决方案。

与一般领域的创新人才相比,人工智能领域的创新人才需要满足以下要求:1)需要更扎实的数学和算法基础;2)需要掌握更高水平的编程和数据技能;3)需要对人工智能前沿技术有敏锐的洞察力;4)需要更强的动手实践和工程化能力;5)需要对人工智能伦理问题有深刻的理解。

中小学阶段的人工智能创新人才,应表现出强烈的学习渴望和好奇心,活跃敏锐的思维,广泛的兴趣爱好,善于独立思考,并在算法、编程、数据分析等方面展现自己的专长。培养具有人文价值观和科技专业能力的人工智能人才,对一个国家进一步提升核心创新能力、推进科技发展和社会进步具有重要的战略意义。

3.2 人工智能创新人才的培养目标

中小学阶段创新人才培养的总体目标是充分发掘和激发每一个孩子独特的创新潜能,培养学生的创新思维和问题解决能力,使他们能够在自己感兴趣的学科或专业领域,形成突出的原创性成果。

在中小学阶段进行人工智能教育,不仅包括对人工智能基础知识的理解和掌握,也包括对人工智能技术的应用和实践,以及对人工智能伦理和社会影响的思考。

从学科知识的设置角度来说,我们希望学生通过人工智能教育可以做到以下几个方面:掌握人工智能的基本概念和原理,如机器学习、深度学习、自然语言处理、计算机视觉等,以及这些概念背后的原理,如监督学习、无监督学习、强化学习等;理解和应用人工智能技术,需要掌握一种或多种编程语言,如使用Python、Java、C++等编程语言,以及相关的编程工具和环境,如Jupyter Notebook、PyCharm、Visual Studio等,能够利用TensorFlow框架进行机器学习模型的训练和预测;理解各种人工智能算法,如决策树、神经网络、支持向量机等,以及这些算法的优、缺点和适用场景;培养创新思维和问题解决能力,如通过项目式学习解决实际问题,如图像分类、文本分析等;了解人工智能的伦理和社会影响,如数据隐私、算法偏见等。

从创新人才培养的角度来说,人工智能教育需要实现以下关键目标:

1.奠定扎实的专业知识基础。学校应当注重在中小学阶段逐步构建和深化学生的基础知识体系。例如,在数学学习上,除了基本的算术运算,还应当逐渐引入几何、代数、概率论等更高级的数学概念。此外,还应通过多样化的教学方法,如游戏化学习、实际应用案例等,使学生在愉快的学习氛围中掌握知识。

2.具备敏锐的观察力与分析力。教师可以通过布置观察日志、实验报告等任务,引导学生记录和分析日常观察到的现象。例如,在自然科学课程中,鼓励学生观察植物生长的环境因素,通过科学的方法分析数据,提出合理的结论。

3.富有无穷的想象力与创造力。教师应鼓励学生在各类学科中发挥想象力。比如:在文学课上,学生可以尝试创作富有创意的故事或诗歌;在科学课上,学生可以设计独特的实验来探索新的现象。教师应提供一个开放的学习环境,让学生敢于表达和实现自己的创意。

4.养成独立思考和质疑的习惯。教师应鼓励学生提出问题,并在课堂上进行开放式的讨论。例如:历史课上,教师可以引导学生对历史事件提出不同的看法;科学课上,教师可以鼓励学生对实验结果做出自己的解释。这样的教学方法有助于培养学生的批判性思维。

5.具备旺盛的科学探究精神。教师可以组织开展各种实践活动,如科学竞赛、实验室访问等,激发学生对科学的兴趣和好奇心。教师应引导学生主动学习,比如通过阅读最新的科学文章来了解科学前沿和动态。

6.将理论知识与实践经验紧密结合。教学强调理论与实践的结合。例如,在计算机科学课程中,学生不仅要学习编程理论,还要参与实际的编程项目,将所学知识用于解决实际问题。

7. 重视团队合作与交流。教师可以通过团队项目、小组讨论等形式,培养学生的协作和沟通能力。在科学实验或社会科学研究中,教师应鼓励学生分工合作,共同完成项目,学习在团队中有效沟通和协调的技能。

3.3　人工智能创新人才的能力模型

在人工智能教育中,我们需要一个能力模型,以评估和提升学生的人工智能技能。能力模型应该包括以下几个方面。

（1）知识理解

知识理解是评估学生对人工智能基本概念和原理的理解程度,主要考查学生通过学习是否理解人工智能的基本概念和原理,如机器学习、深度学习等。以下是一些常用的评估策略和提升策略。

评估策略包括在线测试、口头答辩。教师可以设计一些包括人工智能基本概念和原理的在线测试,如选择题、填空题、简答题等,以评估学生的知识理解程度。教师也可以让学生对某个人工智能主题做口头报告或答辩,如解释机器学习的工作原理,讨论深度学习的优、缺点等,以评估他们的知识理解和表达能力。

提升策略包括实例教学和分步教学。实例教学指教师可以通过具体的实例,如人脸识别、自动驾驶等,来解释人工智能的基本概念和原理,使学生能够更直观、更深入地理解这些知识。在分步教学中,教师可以将复杂的人工智能知识分解成一系列的知识点,然后按照逻辑顺序,一步一步地教授这些知识,使学生更容易理解和掌握这些知识。

（2）技能应用

技能应用是评估学生的人工智能应用能力,如编程能力、模型训练能力等。在学习完成后,教师应评估学生是否能够应用人工智能技术,如使用 Python 编程语言和 TensorFlow 框架进行机器学习模型的训练和预测。以下是一些评估策略和提升策略。

评估策略包括项目评估和技能测试。在项目评估中,教师可以让学生完成一些人工智能项目,然后根据项目的完成情况和效果,评估学生的技能应用能力。

在技能测试中,教师可以设计一些技能测试,如编程测试、模型训练测试等,来评估学生的技能应用能力。

提升策略包括项目式学习和编程比赛。在项目式学习中,教师可以组织一些项目式学习活动,让学生在实践中学习和应用人工智能技术,如设计一个机器学习项目、创建一个人工智能应用。教师也可以举办一些编程比赛,激发学生的学习兴趣和竞争意识,提升他们的编程能力和团队合作能力。

(3)创新思维

创新思维主要评估学生的创新思维能力,如问题解决能力、创新设计能力等。教师应评估学生是否能够通过项目式学习,解决实际问题,如图像分类、文本分析等。以下是一些评估策略和提升策略。

评估策略包括创新思维测试和创新项目评估。教师可以设计一些创新思维测试,如让学生解决一些开放性的问题,或者设计一些具有创新性的解决方案,来评估他们的创新思维能力。教师也可以让学生完成一些创新项目,如设计一个新的人工智能应用、改进一个现有的人工智能模型,然后根据项目的创新性和实用性,来评估他们的创新思维能力。

提升策略包括创新思维训练、创新项目实践。教师可以组织一些创新思维训练活动,如头脑风暴、创新工作坊等,来提升学生的创新思维能力;也可以让学生参与一些创新项目的实践活动,如开发一个人工智能应用、设计一个人工智能模型等,以提升他们的创新思维能力和实践能力。

(4)伦理意识

伦理意识主要评估学生对人工智能伦理和社会影响的理解。比如学生是否理解人工智能的伦理和社会影响,如数据隐私、算法偏见等。以下是一些评估策略和提升策略。

评估策略包括伦理案例分析、伦理讨论。在教学中,教师可以让学生分析一些关于人工智能伦理问题的案例,如数据隐私、算法偏见等,然后根据他们的分析结果,来评估他们的伦理意识。教师也可以组织学生围绕伦理问题进行讨论,如讨论人工智能的伦理问题、讨论人工智能的社会影响等,然后根据学生在讨论过程中的表现,来评估他们的伦理意识。

提升策略包括伦理讨论、案例分析。在人工智能教学中,教师可以组织一些伦理讨论,让学生深入讨论人工智能的伦理问题,如个人信息安全、隐私泄漏和滥用等,以提升他们的伦理意识;也可以让学生分析一些关于人工智能伦理的案例,以提升他们的伦理意识和分析能力。

总之,能力模型可以通过各种方式进行评估,如笔试、项目评估、小组讨论等。同时,我们也需要提供各种资源和支持,如提供在线学习平台、举办编程比赛等,帮助学生提升他们的人工智能技能。

3.4　中小学人工智能课程设计

在中小学阶段开展人工智能教育,我们需要设计适合中小学生的人工智能教育课程。这可以通过两种方式实现:一是将人工智能知识融入现有的课程中,如数学、科学、计算机科学等;二是创建全新的人工智能课程,如设计一个以机器学习为主题的项目式学习课程,或者创建一个以人工智能为主题的 STEM课程。

在将人工智能知识融入现有的课程中时,我们可以通过各种方式,如案例分析、项目设计等,让学生在学习传统课程的同时,理解和应用人工智能技术。例如:在数学课程中,我们可以通过案例分析,让学生理解机器学习模型的数学原理;在科学课程中,我们可以通过项目设计,让学生使用人工智能技术解决实际问题,如气候变化预测等。

在创建全新的人工智能课程时,我们可以设计一系列的项目式学习活动,让学生在实践中学习人工智能技术。例如:我们可以设计一个以机器学习为主题的项目,让学生使用 Python 编程语言和 TensorFlow 框架,进行机器学习模型的训练和预测;我们也可以创建一个以人工智能为主题的 STEM 课程,让学生在学习科学、技术、工程和数学的同时,理解和应用人工智能技术。

(1)将人工智能知识融入现有的课程中

将人工智能知识融入现有的课程中是一种有效的教学策略,可以让学生在学习传统课程的同时理解和应用人工智能技术。以下是一些具体的例子和策略。

将人工智能知识融入数学课程中。例如,我们可以设计一个案例,让学生使用线性回归模型预测房价,然后解释线性回归模型的数学原理,如最小二乘法、梯度下降法等。此外,我们也可以设计一些数学问题,让学生使用人工智能技术解决,如使用神经网络解决函数逼近问题等。

将人工智能知识融入科学课程中。在科学课程中,我们可以通过项目设计,让学生使用人工智能技术解决实际问题。例如,我们可以设计一个项目,让学生使用机器学习模型预测气候变化,然后讨论机器学习模型的优、缺点及其在气候科学中的应用。此外,我们也可以设计一些科学实验,让学生使用人工智能技术进行数据分析,如使用深度学习模型分析生物图像等。

将人工智能知识融入计算机科学课程中。在计算机科学课程中,我们可以直接教授一些人工智能的基本概念和原理,如机器学习、深度学习等。同时,我们也可以设计一些编程项目,让学生实践这些知识,如使用 Python 编程语言和 TensorFlow 框架训练和预测机器学习模型。

(2)创建全新的人工智能课程

创建全新的人工智能课程是另一种有效的教学策略,可以让学生更深入、更系统地学习人工智能技术。以下是一些具体的例子和策略。

创建以机器学习为主题的项目式学习课程。我们可以设计一个以机器学习为主题的项目式学习课程,让学生在实践中学习机器学习技术。例如,我们可以设计一些比赛,让学生在竞争中提升机器学习技能,如机器人足球赛(图3.1)等。以下是相关课程案例。

以机器学习为主题的项目式学习课程

课程目标:

1. 使学生理解机器学习的基本概念和原理。

2. 通过项目实践,培养学生的编程能力和数据分析能力。

3. 提高学生的团队合作能力和问题解决能力。

课程内容:

1. 机器学习简介

机器学习的定义和分类。

监督学习与非监督学习。

评估方法和性能指标。

2. 编程与数据处理

Python 编程基础。

数据预处理和可视化。

使用 Pandas 和 Matplotlib 库。

3. 项目实践——房价预测

数据收集和清洗。

特征工程和模型选择。

模型训练和评估。

结果分析和报告撰写。

4. 机器学习竞赛——机器人足球赛

比赛介绍和团队组建。

比赛方案设计和实施。

结果提交和反思总结。

5. 评估方式

项目报告和展示。

团队合作能力和沟通能力。

机器人足球赛成绩。

图 3.1　2020 年 10 月 24 日,红岭中学承办第二十一届福田区青少年科技节(创客节)暨第四届 STEM 教育嘉年华机器人竞赛活动,社团成员李泽廷、张玉彬等同学参加机器人足球竞赛

创建以人工智能为主题的 STEM 课程。我们可以创建一个以人工智能为主题的 STEM 课程，让学生在学习科学、技术、工程和数学的同时，理解和应用人工智能技术。例如，我们可以设计一些实验，让学生使用人工智能技术进行数据分析，如使用深度学习模型分析生物图像等。此外，我们也可以设计一些项目，让学生使用人工智能技术解决实际问题，如设计智能垃圾分类系统，帮助人们正确投放垃圾。

以人工智能为主题的 STEM 课程

课程目标：

1. 整合科学、技术、工程和数学知识，理解人工智能的跨学科应用。

2. 通过实验和项目，培养学生的创新能力和批判性思维能力。

3. 强调人工智能的伦理和社会责任。

课程内容：

1. 人工智能与科学

人工智能在生物、化学和物理中的应用。

实验：使用深度学习分析生物图像。

2. 人工智能与技术

人工智能的硬件和软件基础。

实验：制作简单的机器人（图 3.2）。

3. 人工智能与工程

人工智能在土木、机械和电子工程中的应用。

项目：设计智能交通系统。

4. 人工智能与数学

人工智能的数学基础和算法。

实验：使用机器学习预测气候变化。

5. 人工智能的伦理和社会影响

人工智能的伦理问题和法律框架。

讨论：人工智能对未来社会的影响。

6. 评估方式

实验报告和项目展示。

创新思维和批判性分析能力。

课堂讨论和参与程度。

图 3.2　2020 年 10 月 24 日,红岭中学承办第二十一届福田区青少年科技节(创客节)暨第四届 STEM 教育嘉年华机器人竞赛活动,盘业楷、于恩泽、杨洋等同学现场制作机器人

3.5　中小学人工智能教学方法与策略

在人工智能教育中,我们可以使用各种教学方法和策略,如项目式学习、翻转课堂、在线学习等。

(1)项目式学习在人工智能教育中的应用

项目式学习是一种以学生为中心的教学方法,让学生通过实践项目来学习和应用知识。在人工智能教育中,我们可以设计一系列的项目,让学生在实践中学习人工智能技术。例如,我们可以设计一个机器学习项目,让学生使用 Python 编程语言和 TensorFlow 框架,进行机器学习模型的训练和预测。这个项目可以分为以下几个步骤:

数据收集:学生需要收集和整理用于训练和测试模型的数据。

数据预处理:学生需要对数据进行预处理,如清洗数据、标准化数据等。

模型训练:学生需要使用 TensorFlow 框架,选择合适的机器学习算法,如线性回归、决策树等,进行模型的训练。

模型预测:学生需要使用训练好的模型,对测试数据进行预测,并评估模型的性能。

项目报告:学生需要撰写项目报告,介绍他们的项目设计、实施过程和结果。

(2)翻转课堂在人工智能教育中的应用

翻转课堂是一种新型的教学模式,让学生在课外通过在线学习平台学习知识,然后在课堂上进行讨论和实践。在人工智能教育中,我们可以利用翻转课堂的教学模式,让学生在课外通过在线学习平台学习人工智能的基本概念和原理,然后在课堂上进行项目设计和实践。这个过程可以分为以下几个步骤:

在线学习:学生在课外通过在线学习平台,学习人工智能的基本概念和原理。

课堂讨论:在课堂上,教师可以组织学生讨论他们在在线学习中遇到的问题,或者讨论一些关于人工智能的热点问题。

项目设计和实践:在课堂上,教师可以指导学生进行项目设计和实践,如设计一个机器学习项目、设计一个人工智能应用等。

(3)在线学习在人工智能教育中的应用

在线学习是一种新型的学习方式,它通过在线学习平台,提供各种教育资源,如视频教程、在线课程、编程工具等,帮助学生学习和应用知识。在人工智能教育中,我们可以通过在线学习平台,提供各种人工智能教育资源,帮助学生学习和应用人工智能技术。例如,我们可以在在线学习平台上,提供一系列的人工智能视频教程,让学生学习人工智能的基本概念和原理。我们也可以在在线学习平台上,提供一些编程工具,如 Python 编程环境、TensorFlow 框架等,帮助学生进行人工智能项目的设计和实践。

以下是我校组织学生进行在线学习的相关资源。

全国中小学信息技术创新与实践大赛是全国性的权威赛事,是一项运用信息技术,培养广大师生的创新精神和实践能力,面向青少年学生开展人工智能科学普及、引领科技创新的素质教育实践平台,简称 NOC(Novelty, Originality, Creativity)大赛。

1)AI 创想家(图 3.3)是 2021—2022 学年全国中小学信息技术创新与实践大赛人工智能赛道的新赛项,以创新人工智能竞技模式,全面面向小学高年级

（4—6 年级）、初中、高中有热情、富有才华的青少年。腾讯青少年科技学习中心负责 AI 创想家赛项的平台研发和技术支持。

图 3.3 AI 创想家界面

2）NOC 扣叮创意编程是 NOC 的正式赛项之一，面向全体中小学生开放，使用图形化编程语言或 Python 编程语言进行竞赛。

NOC 大赛其他还有很多编程赛项，如编程猫等。相关企业还提供免费的在线视频课程，以游戏化的方式来提供课程资源，供青少年学习。

（4）教学方法和策略的选择

在进行人工智能教育时，我们需要根据学生的特点和需求，选择合适的教学方法和策略。例如：对于初学者，我们可以使用直接教学法，如讲解人工智能的基本概念和原理；对于有一定基础的学生，我们可以使用项目式学习方法，让他们在实践中学习和应用人工智能技术；对于高年级学生，我们可以使用翻转课堂教学法，让他们在课外自主学习，然后在课堂上进行讨论和实践。此外，我们还可以根据学生的兴趣和目标，选择合适的教学内容和教学方式，如设计一些他们感兴趣的项目，或者使用他们喜欢的在线学习平台等。

课堂是教学的主阵地，如何在课堂上培养和激发学生的创新能力呢？以下是一些关于课堂教学策略的建议：

创建一个宽松的、接纳学生的环境。创新需要冒险，学生需要信任，需要允许自己犯错误的教师。

与学生的想法保持同步。教师要与学生进行更多的即兴对话，了解他们的兴趣所在，并将这些兴趣融入教学中。

鼓励自主性。教师不能让自己成为什么是好作品的仲裁者,相反,要鼓励学生进行自我评估和自主性的反馈。

重新构思任务以促进创新思维。教师可以尝试添加"创造""设计""发明""想象""假设"等词到你的任务中,通过"尽可能提出多种解决方案""要有创新精神"的提示培养学生的创新思维,提高学生的创新能力。

直接向学生反馈他们的创新性。许多学生并没意识到他们的作品多么具有创新性,教师要根据反馈来帮助学生将"创新"融入他们的学习中。

尽可能多地在各个领域使用创新的教学策略、模型和方法,让学生了解教师的思维方式和行为方式。例如,教师可以说"我想了三种介绍这门课程的方式。我会给你们展示两种,然后你们来想第三种",或者展示正在进行的个人项目。

保护和支持学生的内在动机。内在动机是创新的燃料。研究表明,在课堂上依赖奖励和激励可能会破坏完成任务的内在动机——这种效应被称为"过度合理化"。为了避免这种情况,韦尔斯利学院的心理学教授贝丝·亨内西建议教育工作者尽量减少竞争和与他人的比较,而应更多地关注自我提升。

让学生明白创新需要努力。创新过程不仅仅是无预警的"灵光一闪"。教师要告诉学生,真正的创新人才富有想象力,在进行项目工作时要通过想象进行发掘和创新。

明确讨论创新的神话和刻板印象,帮助他们理解创新是什么,以及如何在他们周围的世界中识别创新。

开展让学生练习创新思维的活动。视觉谜语是一种简单的线条绘画,可以有多种不同的解释,可以刺激学生的发散思维。教师可以让学生使用概念卡通作为复习材料的一部分,或者通过设计、绘画中的视觉隐喻来捕捉复杂学术信息的本质。

以上就是在课堂上培养和激发学生创新能力的一些具体策略和方法。

3.6 人工智能创新人才的培养路径

在 21 世纪这个知识经济时代,人工智能创新人才的培养是各个国家的教育目标之一。在中小学阶段,科学的教育方法可以激发学生的创新精神,培养他们的创新能力,为他们未来的学习和职业生涯打下坚实的基础。学生的学习表现与学习环境、教学方法、评价机制等因素有关。这为我们提供了一些关于如何培养中小学创新人才的启示。

中小学创新人才的培养，需要从以下几个方面着力：

创设开放的学习环境。为学生提供高度开放、宽松的学习环境，是培养创新人才的首要条件。在这样的环境中，学生可以自由地探索和实践，发现和解决问题。这对于培养他们的创新思维和实践能力至关重要。学校可以通过设置探究学习空间，如科学实验室、创新工作室、图书馆等，为学生提供丰富的学习资源和实践机会。同时，学校还应该给予学生充分的自主学习时间和空间，允许他们根据自己的兴趣和喜好进行广泛的探究。例如，学校可以设置一些自由探究的课程，让学生选择研究主题，制定和实施研究计划。通过这种方式，学生可以在实践中学习知识，获得成长。

设置具有启发性和挑战性的学习内容。在教学中，教师可以设计新的学习内容和实践项目，内容要有启发性，挑战性适中。这是激发学生学习兴趣、培养学生创新能力的重要途径。学校可以通过整合课程内容，设计一些跨学科的项目，让学生在实践中学习和应用各种知识。同时，学校还可以通过设置虚拟情境、角色扮演等方式增强学习的趣味性，激发学生的学习兴趣。例如，设计一些仿真实验项目，让学生在模拟的情境中解决实际问题。通过这种方式，学生可以更好地理解和应用知识，同时也可以提高创新思维能力和问题解决能力。

采用启发式的教学方法。启发式的教学方法，如小组讨论、案例分析、项目探究等，可以激发学生思考，培养他们的创新能力。在这种教学方法中，教师的角色从传统的知识传授者转变为学生学习的引导者和协助者。教师要充分关注学生的学习需求，并及时提供指导，启发学生积极思考，而非简单地灌输知识。例如，教师可以引导学生对古诗进行创新性赏析，让学生从不同的角度和层面去理解和解读古诗，激发他们的创新思维。

建立正确的评价机制。正确的评价机制是培养创新人才的重要保障。教师不仅要对学生学习的成果进行评价，也要对学生学习的过程进行评价。评价要充分考虑学习态度、思维品质、团队精神等要素，而不仅仅考虑知识和技能的掌握程度。学校可以采取展示、答辩等评价形式，让学生在展示和答辩中反思学习过程，提升学习能力。例如，学校可以设置学生创意作品展览，让学生展示自己的创新成果，通过评价学生的创新成果，激励学生保持创新精神。

提供充足的学习支持。为学生创新实践提供全面的支持,是培养创新人才的重要保障。学校应该在时间、学习资源、导师指导等各个方面给予充足的支持。例如,学校可以为特长生提供独立的学习空间,让他们有更多的时间和空间进行自主学习和创新实践。同时,学校还应该提供丰富的学习资源,如图书、实验设备、网络资源等,满足学生的学习和实践需要。此外,学校还应该提供专业的导师指导,帮助学生解决学习和实践中遇到的问题,引导学生进行深入的思考和反思。

打造鼓励创新的校园文化。校园文化是学校教育的灵魂,是培养学生价值观和人格的重要因素。鼓励创新的校园文化,可以激发学生的创新精神,培养他们的创新能力。学校可以通过完善校园设施、开展丰富的实践活动、建立健全相关制度等方面,营造充满活力、开放包容、鼓励创新的学习氛围。例如,学校可以举办科技节,让学生展示自己的创新成果,激励学生长期保持创新精神,保持对科技的强烈兴趣,保持创新动力。

加强国际交流合作。在全球化的今天,国际交流合作是培养学生国际视野、提升他们的竞争力的重要途径。学校可以开展各类国际合作与交流项目,让学生有机会了解其他国家的文化和教育,拓宽视野。例如,学校可以选派优秀学生赴国外参加 STEM 项目研习,让他们在国际交流中学习和成长。

中小学创新人才的培养是一个系统工程,需要学校、教师、学生和家长等多方共同努力。只有在开放的学习环境中,设置具有启发性和挑战性的学习内容,采用合适的教学方法,建立正确的评价机制,提供充分的支持,打造鼓励创新的校园文化,加强国际交流合作,我们才能有效地培养出创新人才,为我国的科技创新和社会发展做出贡献。

3.7　人工智能创新人才培养的全方位保障

在成功培养中小学人工智能创新人才的过程中,社会各界的全力保障与支持是至关重要的。这种保障与支持主要体现在以下几个方面。

(1)政策及资源支持

政府应制定鼓励教育创新的政策,并持续加大人才培养的资源投入。政策的制定不仅仅是一种指导,更是一种承诺,是政府重视教育事业和支持创新人才培养的体现。政策的制定应该以提高教育质量和培养创新人才为目标。同时,政策的实施也需要有足够的资源保障。这些资源包括但不限于财政投入、设施设备、教材教具等。例如,政府可以增加人才专项经费,用于支持各类创新教育项目的实施,给学生提供更多的学习和实践机会。

(2)建立家庭、学校和社区的伙伴关系

我们要积极搭建平台,建立家庭、学校和社区的密切伙伴关系,形成协同育人的合力。家庭、学校和社区是孩子成长的三大环境。三者关系密切,对孩子影响深远。家庭是孩子的第一所学校,父母是孩子的第一任老师,家庭教育对孩子的成长有着重要的影响。学校是孩子接受系统教育的地方,是培养孩子知识技能、品德情操的重要场所。社区是孩子生活的环境,是孩子接触社会、认识社会的重要途径。因此,我们需要搭建一个家庭、学校和社区合作的平台,让家长、教师和社区工作者共同参与到孩子的教育中来,形成协同育人的教育生态。例如,可以设立家校社创新教育交流机制,定期举办家校社交流会,让家长、教师和社区工作者共享教育资源,共商教育问题,共同参与孩子的教育。

(3)建设高素质的师资队伍

学校应加强教师自身的创新思维和创新教学能力的培养,建设高水平的人才培养队伍。教师是教育的主体,是人才培养的关键。一名高素质的教师,不仅需要有扎实的专业知识,更需要有创新思维和教学能力。因此,我们需要加强对教师的培训和教育,提高教师的教学能力和教育研究能力,使他们能够适应新时代的教育需求,能够培养出更多的创新人才。例如,学校可以选派教师赴研究机构进修,让他们学习最新的教育理念和教学方法,提升自身的教育教学水平。

(4)营造积极向上的创新文化氛围

学校要充分利用校园文化活动,营造鼓舞人心、激发创造灵感的文化氛围。校园文化是学校精神面貌的重要体现,是培养学生综合素质的重要途径。积极向上的校园文化氛围,可以激发学生的创新精神,鼓励学生勇于探索、勇于创新。因此,我们需要充分利用各种校园文化活动,如校内的各项评比活动、科技节、艺术节等,来营造积极向上的校园文化氛围,激发学生的创新精神和创造力,让学生在实践中发挥创新精神、实现自我价值。

(5)发动社会力量广泛参与学校教育

我们要发动企业、科研院所、高校等社会力量共同关注和支持教育事业,为青少年创新人才的培养提供持续的动力。教育是全社会的事业,需要全社会的关注和支持。企业、科研院所、高校等社会力量,都可以为教育事业提供支持,为青少年创新人才的培养提供动力。例如,企业可以提供实习实训机会,科研院所可以提供科研资源,高校可以提供进修学习的机会。通过产学研合作,可以让学生在实践中学习、在学习中实践,提高创新能力和实践能力。

总之,成功培养中小学创新人才,不仅需要全社会的关注和支持、政府的政策和资源保障以及家庭、学校和社区的合作,而且需要高素质的教师队伍、积极向上的校园文化氛围和广泛的社会参与。

3.8 小结

培养创新人才,是教育的使命。中小学阶段是激发孩子的创新潜能的黄金时期。我们必须注重个性发掘,为学生提供高度的学习自主权,采用启发式教学法激发学生学习的热情,并动员社会各界力量形成合力,使每一个孩子的创新种子都得到最佳的培育。作为教育者,我们应共同努力,为国家培养更多具有国际视野的青少年创新人才。

第4章 中小学人工智能创新人才培养实践模式

随着人工智能技术的迅速发展,许多国家都把青少年人工智能教育作为国家战略来重点推进。如何建立中小学人工智能创新人才培养实践模式,使广大学生早日接触人工智能,掌握相关技能,成为未来人工智能领域的领军人才,是一个值得探讨的重要课题。本章将重点从理论与实践相结合的角度,阐述中小学人工智能创新人才培养的成功经验。

4.1 理论与实践相结合的教学设计

在中小学人工智能教育中,理论与实践相结合的教学设计是至关重要的。理论为实践提供了基础和指导,而实践则使理论得到检验和证实。本节将详细讨论这种教学设计的要素和步骤,以及如何有效地将其应用于人工智能教育。

首先,我们需要明确的是,理论与实践相结合的教学设计并不是简单地将理论教学和实践教学放在一起。相反,它是一种深度融合的过程,需要在教学过程中逐步引导学生从理论到实践,然后通过实践反馈来丰富和深化理论学习。

一般而言,理论与实践相结合的教学设计可以分为以下五个步骤:

(1)理论学习。在这个阶段,教师需要向学生介绍人工智能的基本理论知识,为后续的实践学习提供理论基础。这个阶段的目标是让学生理解人工智能的基本概念,包括人工智能的定义、分类、发展历程、应用领域等。这个阶段的教学内容包括四个方面:

①人工智能的定义。教师需要解释什么是人工智能,以及它与传统计算机科学的区别。其中包括解释人工智能的主要目标,即开发能够模拟、扩展和增强人类智能的系统。

②人工智能的分类。教师需要介绍人工智能的不同类型,包括弱人工智能、强人工智能、专家系统、机器学习和深度学习。每种类型的特点和应用领域都需要详细解释。

③人工智能的发展历程。教师需要介绍人工智能从诞生到现在的发展历程,包括主要的发展阶段、重要的历史事件和代表性的成果。

④人工智能的应用领域。教师需要介绍人工智能在各个领域的应用,包括医疗、教育、交通、娱乐等。这可以帮助学生理解人工智能的实际价值和影响。

在教学过程中,教师需要使用生动的案例来解释这些理论知识,使学生能够更好地理解和记忆。同时,教师也需要设计一些小测试和练习,检查学生的理解程度,及时发现和解决学生的学习问题。

这个阶段的教学不仅需要教师有丰富的人工智能理论知识,也需要教师有高超的教学技巧,能够将复杂的理论知识以简单明了的形式传授给学生。此外,教师还需要关注学生的反馈,根据学生的学习进度和理解程度调整教学内容和方法。

(2)案例分析。在理论学习的基础上,教师可以引入一些具有代表性的人工智能应用案例,让学生通过案例分析来理解和掌握理论知识。这种方法可以帮助学生将抽象的理论知识具体化,增强学习的趣味性和实效性。

案例分析是一种有效的教学方法,它可以帮助学生将理论知识应用到实际问题中,提高学生的问题解决能力和创新思维。在人工智能教育中,教师可以选择一些具有代表性的人工智能应用案例,如自动驾驶、智能医疗、语音识别等,让学生通过分析案例来理解和掌握人工智能的理论知识。

在分析案例的过程中,教师需要引导学生从多个角度分析问题,包括技术角度、应用角度、社会角度等。例如:在自动驾驶的案例中,学生需要理解自动驾驶的技术原理,包括感知、决策、控制等方面的知识;需要理解自动驾驶的应用场景,如高速公路、城市道路等;还需要思考自动驾驶的社会影响,如交通安全、就业问题等。

在分析案例的过程中,教师要引导学生进行批判性思考,不仅接受现有的知识和观点,也要敢于质疑和挑战。例如,在自动驾驶的安全性问题上,学生不仅需要了解现有的安全技术和措施,也需要思考这些技术和措施的局限性,提出自己的见解和建议。

分析案例的过程也是学生自我学习和团队合作的过程。教师需要设计一些小组活动,让学生在小组活动中讨论和解决问题。这不仅可以提高学生的沟通和协作能力,也可以培养学生的领导能力和组织能力。

（3）实践操作。在理论学习和案例分析的基础上,教师需要设计一些实践操作环节,让学生亲手操作,实际感受人工智能的工作过程。这一步骤可以是编程实践,也可以是使用人工智能工具做实验和项目。这一步骤可以进一步深化学生对理论的理解程度,也可以提高学生的动手能力和创新能力。

实践操作是人工智能教育的重要组成部分,可以帮助学生将理论知识转化为实际的技能,提高学生的动手能力和创新能力。在实践操作的过程中,学生不仅可以深入理解和掌握人工智能的工作原理,也可以体验和享受创新和解决问题的乐趣。

实践操作的内容可以根据学生的学习进度和兴趣进行设计。对于初学者,教师可以设计一些简单的编程实践,如使用 Python 编程语言进行数据处理和分析;对于有一定基础的学生,教师可以设计一些进阶的项目实践,如使用 Tensor Flow 或 PyTorch 框架进行深度学习模型的训练和测试。

在实践操作的过程中,教师需要提供详细的指导和支持,帮助学生解决操作中的问题和困难。同时,教师也需要鼓励学生进行探索和创新,学生不仅可以按照教程和指南进行操作,也可以尝试按照自己的想法和方法来操作。

实践操作的过程也是学生自我学习和团队合作的过程。教师需要发挥多重角色,以确保学生能够有效地从实践中学习,并提升团队合作能力。教师还可以设置反思和讨论环节,引导学生对自己的实践过程进行思考和总结,帮助他们从实践中提炼经验和总结教训,提升自我学习能力。

（4）问题探究。在实践操作的过程中,学生往往会遇到各种问题。教师需要引导学生运用所学的理论知识来解决实践中的问题,从而实现理论与实践的结合。此外,教师还可以引导学生通过问题探究来发现新的技能,进一步提高创新能力。

问题探究是一种有效的学习方法,可以帮助学生发现和解决问题,提高问题解决能力,发展创新思维。在人工智能教育中,问题探究不仅包括解决实践操作中的具体问题,也包括对人工智能理论和技术的深入探究。

在探究问题的过程中,教师需要引导学生运用所学的理论知识和技能来解决问题。例如:如果学生在编程实践中遇到了问题,教师可以引导学生回顾和运用相关的编程知识来解决问题;如果学生在项目实践中遇到了问题,教师可以引导学生运用项目管理和团队合作的知识来解决问题。

引导学生进行创新性的问题探究也很重要,不仅有助于解决现有的问题,从中也能够发现和提出新的问题。例如:教师可以引导学生探究人工智能的最新发展情况和趋势,发现和研究新的问题;教师也可以引导学生探究人工智能引起的社会问题和伦理问题,提出自己的观点和建议。

(5)反馈和反思。在完成实践操作和问题探究后,教师需要组织学生进行反馈和反思,总结实践经验,提炼实践中的新知识,将实践的结果反馈到理论学习中,使理论学习得到丰富和深化。

反馈和反思是学习的重要环节,可以帮助学生总结和提炼实践经验,深化和丰富理论知识,提高学习效率。在人工智能教育中,反馈和反思不仅包括对实践操作的反馈和反思,也包括对理论学习和问题探究的反馈和反思。

在反馈和反思的过程中,教师需要引导学生进行深入和全面的反思,不仅要关注实践的结果,也要关注实践的过程和方法。例如:教师可以引导学生反思实践操作的过程,分析成功和失败的原因,总结有效和无效的方法;教师也可以引导学生反思问题探究的过程,分析问题的本质,提出解决问题的方案。

此外,教师还需要引导学生进行批判性的反思,不仅要总结现有的经验和知识,也要质疑现有的经验和知识。例如:教师可以引导学生反思人工智能的理论和技术,分析其优点和缺点,提出自己的见解和建议。

理论与实践相结合的教学设计的五个步骤——理论学习、案例分析、实践操作、问题探究、反馈与反思形成了一个循环,上一个步骤为下一个步骤提供支持和指导。在这个过程中,理论与实践相互融合、相互促进,形成了一种深度的学习体验。这种教学设计模式不仅可以丰富学生的理论知识,提高学生的实践技能,也可以培养学生的创新思维和团队合作能力。

在实际的教学活动中,教师需要根据学生的实际情况和教学目标,灵活运用和调整这个教学设计模式。例如:对于初学者,教师可以侧重于强调理论学习和实践操作;对于有一定基础的学生,教师可以侧重于案例分析和问题探究。通过这种方式,教师可以根据学生的需要和兴趣,提供个性化的教学服务,促进学生的全面发展。

理论与实践相结合的教学设计是中小学人工智能教育的重要组成部分。

它不仅可以提升学生的学习效果,也可以提高教学效率和质量。通过这种教学设计,我们可以培养出具有扎实理论基础和丰富实践经验的人工智能创新人才。

以下将介绍几个理论与实践相结合的教学设计案例。

案例一:人工智能与环境保护

一、理论学习

在这个阶段,教师首先向学生介绍人工智能在环境保护中的应用,包括人工智能如何帮助我们监测环境污染、预测气候变化、优化资源利用等。教师可以使用多媒体教学资源,如 PPT、视频等,来帮助学生理解和掌握这些理论知识。此外,教师还可以组织一些小组讨论和角色扮演活动,让学生在互动和交流中深入理解理论知识。

二、案例分析

在这个阶段,教师可以引入一些具有代表性的有关人工智能在环境保护中的应用的案例,如使用人工智能技术监测空气质量、预测洪涝灾害、优化能源消耗等。教师可以让学生通过案例分析来理解和掌握理论知识,比如让学生分析如何使用人工智能技术来预测和应对自然灾害,如何使用人工智能技术来优化能源消耗,以实现环保目标。

三、实践操作

在这个阶段,教师可以设计一些实践操作环节,让学生亲手操作,了解人工智能的工作过程。教师可以让学生使用编程工具(如 Python)和人工智能库(如 TensorFlow)来设计和制作一个简单的人工智能项目,如一个空气质量预测模型、一种能源消耗优化算法等。这一步骤可以进一步加深学生对理论的理解,也可以提高学生的动手能力和创新能力。

四、问题探究

在实践操作的过程中,学生往往会遇到各种问题。教师需要引导学生运用所学的理论知识解决实践中的问题(表4.1),从而实现理论与实践的结合。当学生在设计人工智能项目遇到问题时,教师可以引导学生分析问题产生的原因,寻找解决方案,提高问题解决能力和创新能力。

表4.1 学生可能遇到的问题及教师的应对方案

学生可能遇到的问题	教师的应对方案
数据的获取和处理	
如何从公开的环境数据库中获取数据	教师可以引导学生学习和掌握如何使用 API 获取数据的相关知识和技能
如何处理缺失的数据和异常的数据	教师可以引导学生学习和掌握如何使用 Python 等工具进行数据清洗和预处理的相关知识和技能
如何将数据转换为适合机器学习模型的格式	教师可以引导学生理解数据质量对模型效果的影响,重视数据处理过程
模型的选择和优化	
如何选择适合处理时间序列数据的模型	教师可以引导学生学习和掌握如何根据问题的特性选择合适的模型的相关知识
如何调整模型的参数以提高预测的准确性	教师可以引导学生学习和掌握如何使用网格搜索等方法优化模型参数的相关知识
如何使用交叉验证等方法来评估模型的泛化能力	教师可以引导学生理解模型优化的重要性,注重模型的评估和优化过程
环保问题的理解和应用	
如何理解气候变化的复杂机制	教师可以引导学生学习和掌握气候变化的原因和影响的相关知识
如何设计能够有效预测污染程度的模型	教师可以引导学生理解人工智能在环保中的应用,鼓励学生将所学的人工智能技术应用到实际的环保问题中
如何将预测结果应用到环保决策中	教师可以引导学生学习和掌握控制污染的方法和策略的相关知识,鼓励学生将预测结果应用到实际的环保决策中

五、反馈与反思

最后,教师需要组织学生进行反馈和反思,总结实践经验,提炼实践中的新知识,将实践的结果反馈到理论学习中,使理论学习得到深化。例如,教师可以让学生分享自己的人工智能项目,反思项目的设计和实现过程,总结项目的优点和缺点,以提高学生的反思能力和自我学习能力。

案例二：人工智能与医疗健康

一、理论学习

在这个阶段，教师首先向学生介绍人工智能在医疗健康领域的应用，包括人工智能如何帮助我们进行疾病诊断、治疗方案推荐、健康管理等。教师可以使用多媒体教学资源，如 PPT、视频等，来帮助学生理解和掌握这些理论知识。此外，教师还可以组织一些小组讨论和角色扮演活动，让学生在互动和交流中加深对理论的理解。

二、案例分析

在这个阶段，教师可以引入一些具有代表性的人工智能在医疗健康领域的应用案例，如使用人工智能技术进行疾病诊断、制订个性化的治疗方案、进行健康管理等。教师可以让学生通过案例分析来理解和掌握理论知识，比如让学生分析如何使用人工智能技术来提高疾病诊断的准确性和效率，如何使用人工智能技术来制订个性化的治疗方案，以提高治疗效果等。

三、实践操作

在这个阶段，教师可以设计一些实践操作环节，让学生动手操作，实际感受人工智能的工作过程。例如，教师可以让学生使用编程工具（如 Python）和人工智能库（如 TensorFlow）来设计和制作一个简单的人工智能项目，如一个疾病诊断模型、一个个性化治疗方案推荐系统等。这一步骤可以进一步加深学生对理论的理解，也可以提高学生的动手能力和创新能力。

四、问题探究

在实践操作的过程中，学生往往会遇到各种问题。教师需要引导学生运用所学的理论知识来解决实践中的问题（表 4.2），从而实现理论与实践的结合。例如，当学生在设计人工智能项目遇到问题时，教师可以引导学生分析问题产生的原因，寻找解决方案，以提高学生的问题解决能力和创新能力。

表 4.2　学生在实践中可能遇到的问题及教师的应对方案

学生可能遇到的问题	教师的应对方案
数据的获取和处理	
如何从公开的医疗数据库中获取数据	教师可以引导学生学习和掌握如何使用 API 获取数据的相关知识和技能

续表

学生可能遇到的问题	教师的应对方案
如何处理医疗数据中的缺失值和异常值	教师可以引导学生学习和掌握如何使用Python等工具进行数据清洗和预处理的相关知识和技能
如何将医疗数据转换为适合机器学习模型的格式	教师可以引导学生理解数据质量对模型效果的影响,重视数据处理过程
模型的选择和优化	
如何选择适合处理医疗数据的模型	教师可以引导学生学习和掌握如何根据问题的特性选择合适模型的相关知识
如何调整模型的参数以提高预测的准确性	教师可以引导学生学习和掌握如何使用网格搜索等方法优化模型参数的相关知识
如何使用交叉验证等方法来评估模型的泛化能力	教师可以引导学生理解模型优化的重要性,注重模型的评估和优化过程
医疗问题的理解和应用	
如何理解复杂的医疗问题	教师可以引导学生学习和掌握医疗问题的相关知识,如疾病的原因和影响、治疗方法和策略等
如何设计能够有效预测疾病的模型	教师可以引导学生理解人工智能在医疗中的应用,鼓励学生将所学的人工智能技术应用到实际的医疗问题中
如何将预测结果应用到医疗决策中	教师可以引导学生学习和掌握如何将预测结果应用到实际的医疗决策中的相关知识,鼓励学生将预测结果应用到实际的医疗决策中

五、反馈与反思

最后,教师需要组织学生进行反馈和反思,总结实践经验,提炼实践中的新知识,将实践的结果反馈到理论学习中,使理论学习得到深化。例如,教师可以让学生分享自己的人工智能项目,反思项目的设计和实现过程,总结项目的优点和缺点,以提高学生的反思能力和自我学习能力。

案例三:人工智能与交通管理

一、理论学习

在这个阶段,教师首先向学生介绍人工智能在交通管理领域的应用,包括人工智能如何帮助我们进行交通流量预测、交通事故检测、交通信号控制等。教师可以使用多媒体教学资源,如 PPT、视频等,来帮助学生理解和掌握这些理论知识。此外,教师还可以组织一些小组讨论和角色扮演活动,让学生在互动和交流中加深对理论的理解。

二、案例分析

在这个阶段,教师可以引入一些具有代表性的人工智能在交通管理领域的应用案例,如使用人工智能技术进行交通流量预测、交通事故检测、交通信号控制等。教师可以让学生通过案例分析来理解和掌握理论知识,比如让学生分析如何使用人工智能技术来提高交通管理的效率和安全性。

三、实践操作

在这个阶段,教师可以设计一些实践操作环节,让学生动手操作,实际感受人工智能的工作过程。例如,教师可以让学生使用编程工具(如 Python)和人工智能库(如 TensorFlow)来设计和制作一个简单的人工智能项目,如一个交通流量预测模型、一个交通事故检测系统等。这一步骤可以进一步加深学生对理论的理解,也可以提高学生的动手能力和创新能力。

四、问题探究

在实践操作的过程中,学生往往会遇到各种问题。教师需要引导学生运用所学的理论知识来解决实践中的问题(表 4.3),从而实现理论与实践的结合。例如,当学生在设计人工智能项目遇到问题时,教师可以引导学生分析问题产生的原因,寻找解决方案,以提高学生的问题解决能力和创新能力。

表 4.3 学生在该案例中可能遇到的问题及教师的应对方案

学生可能遇到的问题	教师的应对方案
数据的获取和处理	
如何从公开的交通数据库中获取数据	教师可以引导学生学习和掌握如何使用 API 获取数据的相关知识和技能
如何处理交通数据中的缺失值和异常值	教师可以引导学生学习和掌握如何使用 Python 等工具进行数据清洗和预处理的相关知识和技能

续表

学生可能遇到的问题	教师的应对方案
如何将交通数据转换为适合机器学习模型的格式	教师可以引导学生理解数据质量对模型效果的影响,重视数据处理过程
模型的选择和优化	
如何选择适合处理交通数据的模型	教师可以引导学生学习和掌握如何根据问题的特性选择合适模型的相关知识
如何调整模型的参数以提高预测的准确性	教师可以引导学生学习和掌握如何使用网格搜索等方法优化模型参数的相关知识
如何使用交叉验证等方法来评估模型的泛化能力	教师可以引导学生理解模型优化的重要性,注重模型的评估和优化过程
交通管理问题的理解和应用	
如何理解复杂的交通管理问题	教师可以引导学生学习和掌握交通管理问题的相关知识,如交通规则、交通流量预测、交通优化策略等
如何设计能够有效预测交通流量的模型	教师可以引导学生理解人工智能在交通管理中的应用,鼓励学生将所学的人工智能技术应用到实际的交通管理问题中
如何将预测结果应用到交通决策中	教师可以引导学生学习和掌握如何将预测结果应用到实际交通决策中的相关知识,鼓励学生将预测结果应用到实际的交通决策中

五、反馈与反思

最后,教师需要组织学生进行反馈和反思,总结实践经验,提炼实践中的新知识,将实践的结果反馈到理论学习中,使理论学习得到深化。例如,教师可以让学生分享自己的人工智能项目,反思项目的设计和实现过程,总结项目的优点和缺点,以提高学生的反思能力和自我学习能力。

4.2 项目式学习与竞赛活动的组织和指导方法

4.2.1 项目式学习法

项目式学习法是目前国内外公认的培养学生的实践能力和创新思维的有

效教学方法之一。项目式学习法是一种动态的教学方法,学生通过积极探索真实世界,获取可转移的知识。这种方式可以让学生在动手实践中深刻理解理论知识,并培养系统的人工智能技术应用能力。在人工智能教学中,有针对性地设计人工智能的相关项目,引导学生通过项目研究的形式学习人工智能知识和技能,可以让学生在动手实践中加深对理论知识的理解,并培养系统的人工智能技术应用能力。

4.2.1.1　设计符合学生水平的人工智能项目

我们需要根据学生的认知发展水平和学习需求,设计难度递进的人工智能项目。对于低年级学生,我们可以设计一些简单有趣的人工智能应用项目,如使用 Scratch 编程语言制作简单的机器人和设计游戏等。对于高年级学生,我们可以设计较为复杂的项目,如使用 Python 和机器学习算法实现智能语音交互、图像识别等应用。以下是一个适合低年级学生的人工智能应用项目——"我的第一个 Scratch 游戏——迷你足球"和一个适合高年级学生的人工智能应用项目——"基础图像分类——对服装图像进行分类"。

人工智能应用案例:我的第一个 Scratch 游戏——迷你足球

1. 项目描述

在这个项目中,学生将使用 Scratch 编程语言设计一个简单的足球游戏。在游戏中,玩家需要控制一个足球运动员(角色)来踢足球,目标是将足球踢进对方的球门。

2. 项目目标

学习 Scratch 基础编程概念,如角色、背景、事件、循环、条件等。

学习如何设计一个简单的游戏。

提高学生的创新思维和问题解决能力。

3. 项目步骤

3.1　创建角色和背景

学生需要在 Scratch 中创建两个角色(一个足球运动员和一个足球)和一个背景(足球场)。

3.2　编程角色动作

接下来,学生需要为足球运动员编程,使其能够按照键盘上的箭头所示方向移动;同时也需要为足球编程,使其在被足球运动员碰到时能够移动。

3.3　确定得分机制

学生需要确定得分机制,即当足球进入对方的球门时,玩家的得分增加。

3.4　测试和调试

在完成基本编程后,学生需要测试游戏并进行必要的调试,以确保游戏运行正常。

3.5　分享和反馈

最后,学生可以将游戏分享给同学们,并根据反馈进行改进。

4.教师的角色

在这个项目中,教师的角色主要是引导者和支持者。教师需要提供 Scratch 编程的基础教学,引导学生设计和实现游戏,并在学生遇到问题时提供帮助。同时,教师也要组织学生分享和讨论他们的项目,以促进他们的交流和学习。

人工智能应用案例:基础图像分类——对服装图像进行分类

1.项目描述

在这个项目中,学生将使用 TensorFlow 库来训练一个神经网络模型。该模型能够对服装图像进行分类。学生将用到 Fashion-MNIST 数据集,这是一个包含 10 种类别、具有 70,000 个灰度图像的数据集。每个图像都是 28×28 像素的低分辨率图像。

2.项目步骤

2.1　导入所需的库

首先,学生需要导入 TensorFlow 和其他一些用于数据处理和可视化的库。代码如下:

```
import tensorflow as tf

import numpy as np

import matplotlib. pyplot as plt
```

2.2　导入 Fashion-MNIST 数据集

TensorFlow 库提供了一个方便的函数来下载和加载这个数据集。代码如下:

```
fashion_mnist  = tf. keras. datasets. fashion_mnist
```

(train_images, train_labels), (test_images, test_labels) = fashion_mnist. load
_data()

2.3　数据预处理

在训练模型之前,学生需要对数据进行预处理。这包括将图像的像素值缩
放到 0~1 的范围。代码如下:

```
train_images = train_images/255.0
test_images = test_images/255.0
```

2.4　构建模型

学生将使用一个简单的神经网络模型,该模型包含一个输入层、一个隐藏
层和一个输出层。代码如下:

```
model = tf. keras. Sequential([
        tf. keras. layers. Flatten( input_shape = (28, 28)),
        tf. keras. layers. Dense(128, activation = 'relu'),
        tf. keras. layers. Dense(10)
])
```

2.5　编译模型

在模型训练之前,学生需要指定损失函数、优化器和评估指标。代码如下:

```
model. compile( optimizer = 'adam',
loss = tf. keras. losses. SparseCategoricalCrossentropy( from_logits = True),
                    metrics = ['accuracy'])
```

2.6　训练模型

现在,学生可以使用训练数据来训练模型。代码如下:

```
model. fit( train_images, train_labels, epochs = 10)
```

2.7　评估模型

最后,学生可以使用测试数据来评估模型的性能。代码如下:

```
test_loss, test_acc = model. evaluate( test_images, test_labels, verbose = 2)
print( '\nTest accuracy:', test_acc)
```

这个项目不仅可以帮助学生理解神经网络的基本概念,还可以让他们了解
如何使用 TensorFlow 库来构建和训练神经网络模型。通过这个项目,学生可以
获得实践经验,这对于他们未来的学习和研究非常有价值。

4.2.1.2 提供丰富的学习资源

为确保学生顺利完成项目,教师要提供详细的项目学习指导手册、代码框架、在线学习平台等资源与支持。学生可以根据资料自主学习,遇到问题时可以及时向教师或技术导师寻求帮助。以下是两个项目学习指导手册样例。

项目学习指导手册:我的第一个 Scratch 游戏——迷你足球

1.项目概述

1.1 项目描述

在这个项目中,学生将使用 Scratch 编程语言设计一个迷你足球游戏。游戏中,玩家需要控制一个足球运动员,尝试将球踢入对方的球门。

1.2 学习目标

学习基本的编程概念,如循环、条件语句和变量。

理解基本的游戏设计概念,如角色设计、游戏规则设计等。

提高解决问题的能力和创新思维的能力。

1.3 需要的材料

Scratch 编程环境、计算机。

2.项目步骤

2.1 创建项目和设置游戏背景

在 Scratch 中创建一个新的项目,设置游戏的背景和角色。

2.2 编写代码控制角色行为

编写代码,控制足球运动员的基本行为,如前进、后退、转向等。

2.3 编写代码实现踢足球功能

编写代码,使足球运动员能够踢足球。

2.4 添加对方的球门并编写得分代码

添加对方的球门,并编写代码。当足球进入球门时,玩家得分。

2.5 测试和优化游戏

测试和优化游戏的玩法。

3.项目评估

3.1 评估标准

游戏能否正常运行。

足球运动员能否成功踢足球。

玩家能否得分。

3.2　扩展活动

学生可以尝试添加更多的角色,如对方的守门员。

学生可以尝试添加更多的游戏规则,如时间限制、得分限制等。

学生可以尝试分享他们的游戏,让其他人来玩。

项目学习指导手册:基础图像分类——对服装图像进行分类

1. 项目简介

在这个项目中,学生将学习如何使用 Python 和 TensorFlow 库来完成一个基础图像分类的任务。学生将用到 Fashion-MNIST 数据集,这是一个包含 10 种类别、具有 70,000 个灰度图像的数据集。每个图像都是 28×28 像素的低分辨率图像。

2. 学习目标

理解神经网络的基本概念。

学习如何使用 TensorFlow 库来构建和训练神经网络模型。

了解如何处理和预处理图像数据。

学习如何评估模型的性能。

3. 学习资源

Python 编程基础、TensorFlow 官方文档、Fashion-MNIST 数据集介绍、神经网络基础知识。

4. 项目步骤

4.1　导入所需的库

首先,学生需要导入 TensorFlow 和其他一些用于数据处理和可视化的库。

4.2　导入 Fashion-MNIST 数据集

TensorFlow 库提供了一个方便的函数用于下载和加载这个数据集。

4.3　数据预处理

在训练模型之前,学生需要对数据进行预处理,包括将图像的像素值缩放到 $0 \sim 1$ 的范围。

4.4　构建模型

学生将使用一个简单的神经网络模型,该模型包含一个输入层、一个隐藏层和一个输出层。

4.5 编译模型

在模型训练之前,学生需要指定损失函数、优化器和评估指标。

4.6 训练模型

现在,学生可以使用训练数据来训练模型。

4.7 评估模型

最后,学生可以使用测试数据来评估模型的性能。

5. 项目完成后的自我检查

我是否理解了神经网络的基本概念?

我是否成功地使用 TensorFlow 库来构建和训练了一个神经网络模型?

我是否学会了如何处理和预处理图像数据?

我是否成功地评估了模型的性能?

6. 延伸学习

尝试使用不同的神经网络结构来改进模型的性能。

尝试使用不同的优化器和损失函数。

尝试使用其他的图像数据集。

这个学习指导手册提供了一个项目的全面概述,包括项目简介、学习目标、学习资源、项目步骤、自我检查以及延伸学习的建议。这样的指导手册可以帮助学生在遇到问题时找到解决方案。

4.2.1.3 项目结果展示与交流

项目完成后,每个团队都需要对全班同学或教师进行项目成果展示,介绍项目背景、设计思路、实现过程、创新点等。其他学生可以提出问题,互相讨论,接受教师或专家的点评,完成项目总结与反思。这有助于学生提高表达与交流的能力。

4.2.1.4 典型案例

我校开设了人工智能项目研究课,学生需要在教师指导下以小组为单位在一个学期内完成人工智能项目。以下是我校的两个人工智能项目案例。

案例一

一、作品名称

太空农植机

二、团队成员信息

1. 团队成员及分工:刘雨鑫,负责编写作品参赛文档;王翊沣,负责编程与结构建造;杨宸睿,负责拼装和辅助王翊沣编程。

2. 指导教师:李貌。

三、作品简介

我们这个作品模拟太空养殖和种植一体化生态系统,主要是为了解决未来宇航员在太空的吃饭问题,为了让他们吃上更健康和更新鲜的蔬果和肉类,为了宇航员能够在太空高效地使用氧气和实现太空化的碳—氧循环。

我们的作品可以自动和手动调节植物的生长环境,例如温度、湿度和光照,利用视觉模块去收割作物。

四、作品设计

1. 问题记录:解决长时间养植物和动物的问题,实现太空的碳—氧循环。

2. 目标设定:解决太空中食物和资源短缺的问题。

3. 总体设计参见图4.1:

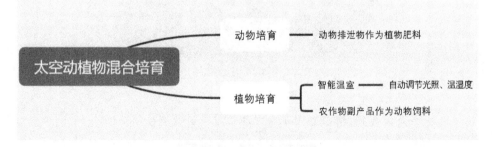

图4.1　设计思路

我们提出了一个动植物混养的农场概念。在太空中,食物是很重要的资源。我们参考了生态农场的建设。整个农场是封闭结构,一边做成了智能温室,种植植物,另一边是生态农场。农作物的副产品可以作为动物的饲料,而动物产生的排泄物可以作为植物的肥料,从而最大限度地节约资源,提高生产效率。

4. 功能设计:自动调节光照、温度、湿度,半自动收割。

5. 编程工具:Thonny。

6. 硬件使用清单：开元主板、语音识别模块、舵机、温湿度传感器、风扇、LED灯、光线传感器、视觉模块。

7. 结构设计参见图 4.2：

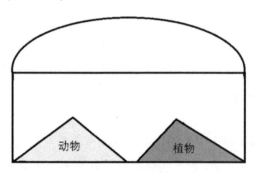

图 4.2　外观设计草图

8. 作品实物图参见图 4.3：

图 4.3　太空农植机

9. 作品介绍视频，请扫描图 4.4 中的二维码进行查看。

图 4.4　作品介绍视频二维码

案例二

一、作品名称

星球水源探测车。

二、团队成员信息

1. 团队成员及分工：陈锦聪同学，主要负责外观的设计、外形框架制作以及编写程序；吴彦辰同学，负责协助作品制作，并负责编写比赛文档；甘鲁粤同学，负责协助编写参赛文档以及拍摄作品展示视频。

2. 指导教师：李貌。

三、作品简介

如今，地球上的能源和资源随着人口数量的增长越来越少。随着人类对太空的探索逐渐深入，未来我们有可能移民到其他星球，实现"星球移民"的梦想。而在其他星球居住，最重要的资源莫过于生命之源——水。所以，在太空中生活，寻找水资源一定是所有生存任务的重中之重。

因此，我们把作品定为探测水的星球水源探测车。它是一个无人驾驶的智能化探测设备，能够实现水源（温湿度）检测，具备自动寻路和避障功能，装备高清、高精度的摄像头，能够对地理环境和探测结果进行拍照并将照片传回基地，供研究人员调查研究。

四、作品设计

1. 问题记录：随着科技的发展，未来人类在移民到其他星球之前需要对星球进行探测，确定星球上是否存在水。

2. 目标设定：设计一台星球水源探测车，让它在星球表面寻找水源。

3. 总体设计参见图4.5：

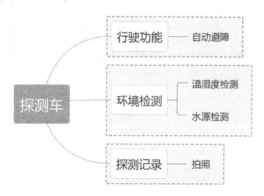

图4.5　探测车的功能

探测车通过轮子行动。底部携带温湿度传感器,来检测星球表面是否有水源。探测车头部带有摄像头可以检测前方的地形以及是否有障碍物,并进行规避。探测车的外形像一个展翅的蝴蝶,两边的"翅膀"是太阳能板,能够为探测车提供动力。探测车头部有"眼睛"——超声波传感器。通过超声波传感器,探测车可以识别地形或障碍,实现安全行驶。

4. 功能设计:1)可以自行躲避障碍物;2)检测星球表面的温度和湿度;3)如果周围环境湿度超过90%,探测车会发出警报并且亮红灯;4)通过摄像头拍摄有水源的地点。

5. 编程工具:Thonny。

6. 硬件使用清单:开元主控板、视觉模块、温湿度传感器、LED 灯、超声波传感器、马达、掌控板。

7. 结构设计参见图4.6、图4.7:

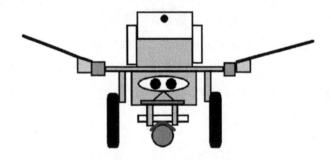

图 4.6　外观设计示意图

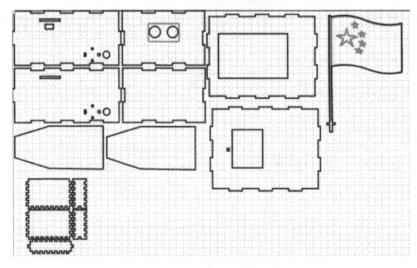

图 4.7　外观模块切割图

8.作品实物图参见图4.8：

图4.8　作品实物图

9.作品介绍视频,请扫描图4.9中的二维码进行查看。

图4.9　作品介绍视频二维码

4.3　人工智能相关竞赛活动

在中小学人工智能教育中,竞赛活动是一个重要的环节。它能够激发学生的学习兴趣,提升他们的学习积极性,同时也能够帮助他们将所学的理论知识应用到实践中,从而提升他们的实践能力和创新思维能力。然而,如何有效地组织和指导这些竞赛活动,以达到最佳的教学效果,是我们需要深入探讨的问题。

4.3.1 设计趣味性与启发性并重的赛制

在设计竞赛赛制时,我们需要充分考虑到学生的兴趣和学习需求。一方面,赛制需要具有趣味性,以激发学生参与竞赛的兴趣;另一方面,赛制也需要具有启发性,能够激发学生主动学习和应用人工智能知识和技能。

例如,我们可以设置一些仿真模拟赛,如 AI 代码速编、AI 游戏开发等。这些赛事不仅具有趣味性,能够吸引学生参与,同时也能够激发学生主动学习和应用人工智能知识技能,提升他们的实践能力和创新思维能力。下文将介绍两个案例:AI 代码速编比赛——Rapid Router 挑战、AI 游戏开发比赛——Scratch 游戏创新大赛。

案例一:AI 代码速编比赛——Rapid Router 挑战

Rapid Router 是一个在线平台,专为初中生设计,用于学习和提高编程技能。在这个比赛中,学生需要使用 Python 编程语言编写代码,控制一个虚拟的交通工具在城市地图上移动,完成各种任务,如送货、避开障碍物等。比赛的难度会随着级别的提高而增加,从基本的命令控制到复杂的条件判断和循环结构,旨在让学生逐步掌握 Python 编程的基本知识和技能。比赛的评判标准包括代码的效率、准确性和创新性。

案例二:AI 游戏开发比赛——Scratch 游戏创新大赛

Scratch 是一个面向初中生的编程平台。它使用图形化的编程语言,让学生通过拖拽和组合代码块来创建自己的游戏、动画或互动故事。在这个比赛中,学生需要利用 Scratch 平台,设计并开发一个具有创新性和趣味性的游戏。比赛的评判标准包括游戏的创新性、趣味性、视觉效果和代码的复杂性。这个比赛旨在鼓励学生发挥创新思维,通过实践项目学习和应用编程知识。

此外,我们也可以设置接近实际生活、富有创新性的主题,如智能出行系统设计、环境监测机器人等。这些赛事能够让学生将所学的理论知识应用到实际生活中,从而提升实践能力和创新思维能力。以下介绍两个案例:智能交通系统、环境监测机器人。

案例一：智能交通系统

电子收费系统：在这个项目中，学生可以设计一个自动收费系统，用于高速公路或城市停车场。这个系统可以使用 RFID 标签或车牌识别技术来自动识别车辆，并自动从车主的账户中扣除通行费。这个项目可以让学生学习到无线通信、图像处理和金融交易处理等多方面的知识。

车辆对车辆通信：在这个项目中，学生可以设计一个系统，使得车辆可以与其他车辆或道路基础设施进行通信。这个系统可以用于提供实时的交通信息，或者用于自动驾驶车辆的协同控制。这个项目可以让学生学习到无线通信、数据融合和控制理论等多方面的知识。

智能交通管理：在这个项目中，学生可以设计一个系统，用于实时监控和管理城市交通。这个系统可以使用各种传感器（如摄像头、雷达、GPS 等）收集交通数据，然后使用 AI 算法进行分析，以优化交通流量。这个项目可以让学生学习到数据采集、数据分析和优化理论等多方面的知识。

电动车充电站：在这个项目中，学生可以设计一个系统，用于管理电动车充电站网络。这个系统可以根据电动车的位置和电量以及充电站的状态，自动为电动车规划最优的充电路线。这个项目可以让学生学习到能源管理、路径规划和云计算等多方面的知识。

案例二：环境监测机器人

空气质量监测：在这个项目中，学生可以设计一个机器人，用于监测空气质量。这个机器人可以搭载各种气体传感器，用于检测空气中的污染物（如 $PM_{2.5}$、二氧化硫、一氧化碳等）。这个项目可以让学生学习到环境科学、传感器技术和数据分析等多方面的知识。

水质监测：在这个项目中，学生可以设计一个水下机器人，用于监测水质。这个机器人可以搭载各种水质传感器，用于检测水中的污染物（如重金属、有机物、微生物等）。这个项目可以让学生学习到环境科学、机器人技术和数据分析等多方面的知识。

噪声监测：在这个项目中，学生可以设计一个机器人，用于监测噪声。这个机器人可以搭载麦克风和声音分析器，用于检测环境噪声的强度和频谱。这个项目可以让学生学习到声学、信号处理和数据分析等多方面的知识。

生物监测:在这个项目中,学生可以设计一个机器人,用于监测生物。这个机器人可以搭载摄像头和图像识别系统,用于检测和识别各种生物(如鸟类、昆虫、植物等)。这个项目可以让学生学习到生物学、图像处理和 AI 等多方面的知识。

4.3.2 注重过程化的指导与评价

在竞赛活动中,我们需要注重学生在参赛准备中的学习过程,而不只是关注比赛结果。比赛结果只是学生学习的结果,而学习过程则是学生学习的过程,是他们获得知识和技能的过程。因此,我们需要通过过程化的指导和评价,来促进学生的学习。

我们可以设置过程性评价环节,如作品方案、中期检查等。在这些环节中,我们可以要求参赛的队伍定期答辩,给出中期指导意见。这样,我们可以及时了解学生的学习进度,及时给出指导意见,帮助他们解决学习中的问题,从而提升学习效果。

过程性评价也能够让学生了解到,参赛本身就是一个学习的过程。他们在参赛中不仅可以获得知识和技能,也可以获得学习的乐趣。这样,他们就会更加积极地参与到竞赛活动(图 4.10)中,更加积极地学习和应用人工智能知识与技能。

图 4.10　红岭中学的杨沛霖、张远航、刘启航、丁泓瑞同学参加世界机器人大赛

4.3.3   将竞赛融入日常教学,实现常规化

在组织和指导竞赛活动时,我们需要将赛事组织融入素质教育和课程教学之中,避免让它成为"应试教育"的一种形式。如果竞赛活动只是一种应试活动,那么学生可能只会为了比赛而学习,而忽视了学习的本质和目的。

我们可以将竞赛活动作为学科实践课的延伸,让学生在日常学习中接受系统训练,而不是临时应付竞赛。例如,我们可以在课程中设置一些与竞赛活动相关的实践项目,让学生在完成这些项目的过程中,学习和应用人工智能知识和技能。

以下是深圳市实施的几个实践项目案例。

实践项目案例:

深圳市交通优化项目:深圳市是一个交通繁忙的城市,学生可以设计一个项目,使用人工智能技术(例如机器学习)来预测交通流量,从而优化交通信号灯的调度,减少交通拥堵。学生可以收集公开的交通数据,或者模拟交通流量数据,训练一个预测模型,最后设计一个优化算法来调度信号灯。

福田区环保项目:福田区是深圳市的一个重要区域,环保问题备受关注。学生可以设计一个项目,使用人工智能技术(例如图像识别)来监测福田区的环境质量。例如,学生可以设计一个无人机,搭载一个摄像头和一个 AI 模型,用于识别和跟踪空气污染源,如烟囱和烟雾。

深圳市旅游推荐项目:深圳市是一个旅游热点城市,学生可以使用人工智能技术(例如推荐系统)设计一个项目,来为游客推荐深圳市的旅游景点。学生可以收集公开的旅游评价数据,训练一个推荐模型,设计一个友好的用户界面来展示推荐结果。

福田区公共服务优化项目:福田区有许多公共服务设施,如公园、图书馆、体育场等。学生可以设计一个项目,使用人工智能技术(例如数据分析)来提高这些设施的使用效率。例如,学生可以收集公开的设施使用数据,然后分析这些数据,找出设施使用的高峰期和低谷期,最后提出提高设施使用效率的建议。

此外,我们也可以开设竞赛方面的选修课程,让学生在选修这些课程的过

程中,深入学习和理解竞赛活动的规则和要求,从而更好地参加竞赛活动。

以下是笔者主持开发的"Python 与人工智能"课程的概况。这门课程在 2023 年 5 月被评为福田区品牌课程。

"Python 与人工智能"是一门面向中学生开设的校本课程,旨在通过编程和人工智能的基本理念、工具、技术和实践,培养学生的计算思维能力和解决问题的能力。课程分为 7 个章节,包含 21 个课时,系统地介绍了 Python 编程语言的基础知识和进阶技巧以及人工智能的基本概念和应用。

课程首先从 Python 编程语言的基础开始,帮助学生了解编程的初步概念;接着介绍有关 Python 的知识,包括函数、模块、数据结构、面向对象编程、异常处理和文件操作等。

在人工智能部分,课程将引导学生了解人工智能的基本定义、发展历程、类型和应用以及机器学习和深度学习的基本概念和原理。我们会引导学生探索 Python 在人工智能领域的实际应用,包括数据科学、机器学习和深度学习等方面。

在课程的最后部分,我们会进行项目实战,让学生将所学的知识应用到实际的人工智能项目中,帮助学生更好地理解和掌握 Python 和人工智能的实际应用,并培养他们的问题解决能力和项目实施能力。此外,我们还会讨论人工智能的未来发展趋势和伦理问题以及人工智能在我们日常生活中的应用。

这门课程不仅让学生对 Python 和人工智能有了更深入的理解,也帮助学生提高了技术技能和创新思维能力。我们鼓励学生积极参与、主动探索,用自己的方式解决问题,从而在编程和人工智能的世界中找到自己的位置。

这门课程为对编程充满热情、对人工智能充满好奇心的学生,提供了一片充满挑战和机会的新天地。

Python 与人工智能

第一章:课程介绍与 Python 基础

课时 1:课程介绍

课程内容概述

学习目标和预期成果

学习资源与参考资料

课程评估方法

课时 2:Python 环境的设置与介绍

Python 环境的安装

Python 的基本操作

Python 的编程规范和习惯

编程语言的重要性和 Python 语言的优势

课时 3:Python 基础语法(上)

数据类型与变量

运算符与表达式

课时 4:Python 基础语法(下)

控制流(条件判断和循环)

第二章:函数与模块的使用

课时 5:函数的定义和调用

函数的定义

函数的调用

课时 6:模块的引入和使用

模块的引入

Python 内置函数和标准库

第三章:Python 进阶知识

课时 7:数据结构(上)

列表

元组

课时 8:数据结构(下)

字典

集合

课时 9:Python 面向对象编程

类和对象的基本概念

类的属性和方法

对象的创建和使用

课时 10:异常处理和文件操作

Python 的错误与异常

异常处理结构

文件的读取与写入

第四章：人工智能基础

课时 11：人工智能概述

人工智能的定义

人工智能的发展历程

人工智能的类型和应用

课时 12：机器学习基础

机器学习的定义与类型

机器学习的基本流程

课时 13：深度学习与神经网络

深度学习的基本概念

神经网络的结构与原理

第五章：Python 在人工智能中的应用

课时 14：Python 与数据科学

数据科学的基本概念

Python 在数据处理中的应用

数据可视化工具的使用

课时 15：Python 与机器学习

Python 的机器学习库介绍(如 Scikit-learn)

一个机器学习项目的实践

课时 16：Python 与深度学习

Python 的深度学习库介绍(如 TensorFlow、PyTorch)

一个深度学习项目的实践

第六章：项目实战

课时 17：人工智能项目实战(上)

完整的项目实战(如图像分类)

课时 18：人工智能项目实战(下)

完整的项目实战(如文本情感分析)

第七章:未来发展与课程总结

课时 19:人工智能的未来发展

人工智能的未来趋势

人工智能的伦理问题

课时 20:人工智能与我们的生活

人工智能在我们生活中的应用

课时 21:课程总结

回顾课程内容

分享学习心得

未来的学习路径

4.3.4　完善配套措施,营造良好氛围

在组织和指导竞赛活动时,我们还需要完善配套措施,营造良好的竞赛氛围。这是因为,良好的竞赛氛围能够激发学生参与竞赛的兴趣,提升他们的学习积极性,同时也能够帮助他们更好地参与到竞赛活动中。

我们需要建立健全竞赛管理制度,并提供充足的资源支持,如竞赛场地、设备、资金等,以确保竞赛顺利开展。例如:我们可以设立专门的竞赛管理部门,负责竞赛活动的组织和管理;我们也可以设立专门的竞赛基金,用于支持竞赛活动的开展。

某中学人工智能竞赛活动管理制度

一、组织机构

设立人工智能竞赛活动组织委员会,由校长担任主任,副校长担任副主任,信息中心主任(或科创中心主任)负责竞赛活动的总体规划和组织。

成立人工智能竞赛活动工作小组,由信息中心(或科创中心)主任担任组长,信息科技学科教师或者科学教师作为成员,负责竞赛活动的具体实施和管理等相关执行工作。

二、资金支持

设立人工智能竞赛活动基金,由学校财务部门管理,用于支持竞赛活动的

开展。竞赛活动基金的使用,需经人工智能竞赛活动组织委员会审批。

三、设施设备

确保创客室、信息技术教室、机器人实验室等设施设备正常使用,满足竞赛活动的需求。

为参赛学生提供必要的设备支持,如计算机、机器人套件等。

四、宣传推广

通过校园广播、校园公众号、张贴等方式,广泛宣传竞赛活动的信息。

在学校网站、公众号上设立人工智能竞赛活动专栏,发布竞赛活动的通知、规则、进程、成果等信息。

五、师资培训

定期组织有关人工智能教学和竞赛指导的培训活动,提高教师的专业水平和指导能力。鼓励教师参加市、省、国家级的人工智能教学和竞赛指导的研修活动。

六、评价机制

对参赛学生的表现进行全面评价,不仅要评价竞赛成绩,也要评价学生在竞赛准备过程中的学习态度、团队合作、创新思维等方面的表现。

对优秀的参赛学生和指导教师予以表彰和奖励。在每周一的升旗礼上对参与竞赛、获得优异成绩的同学进行颁奖。在学期末的表彰大会上进行表彰等。

以上制度旨在为人工智能竞赛活动的顺利开展提供保障,营造良好的竞赛氛围,激发学生参与竞赛的兴趣,提升他们的学习积极性。

4.3.5 典型案例

为了更好地理解和应用上述理论和方法,我们可以参考一些典型的竞赛活动案例。

例如,在笔者的主导下,我校成功申报、立项、策划和承办了深圳市青少年科技运动会。从 2020 年开始到现在,深圳市青少年科技运动会一共举办了四届。深圳市青少年科技运动会比拼的项目达十余项,比如:"铁丝陀螺制作"比拼的是持久性;"风动力小车"比拼的是速度;"钻木取火"比拼的是合作;"八角擂台赛"比拼的是策略与挑战;"无人车"比拼的是编程与拼装;"VR 方程式"比拼的是设计与操控。有9个区及市直属学校的1200多名中小学生参加。

深圳市青少年科技运动会是一项旨在激发青少年对科技创新的热情、培养青少年的科学探索精神和实践能力的重要活动。在选取竞赛项目时,我们精心设计,既考虑到技术的前沿性,也充分考虑到实操的可行性,在确保活动吸引更多参与群体的基础上,注重降低参与门槛,使得科技创新的种子能够在更广阔的土壤中生根发芽。

铁丝陀螺制作、风动力小车制作和开源机器人设计、创意编程等项目,正是这种理念的具体体现。这些项目不仅成本低廉、材料易得,而且设计巧妙,充满乐趣,极具启发性。通过参与这些项目的设计和制作,青少年不仅能够在动手操作中理解科学原理,更能在解决实际问题的过程中培养创新思维和团队合作能力。

铁丝陀螺制作这个看似简单的项目,实际上蕴含了丰富的物理知识,如角动量守恒、摩擦力等。学生们通过制作陀螺,能够直观地感受到物理定律在现实中的应用,激发对科学学习的兴趣。

风动力小车(图4.11)制作则是一个结合物理学和环保概念的项目。通过设计和制作能够利用风力驱动的小车,不仅可以让学生掌握空气动力学和能源转换的基本原理,还能培养他们的可持续发展和环保意识。

图4.11 同学们在制作风动力小车

开源机器人(图4.12)设计项目更是将编程与机械设计相结合,提供了一个让学生在实践中学习软件编程和硬件操控技能的机会。通过参与这个项目,学生不仅可以提升自己的科技素养,还能在解决实际问题的过程中,体会到团队协作的重要性和乐趣。家长义工也参与了本次活动的相关工作。

图 4.12　同学们在进行开源机器人竞赛

抛石车是一种古老的投射机械。通过制作这一装置，学生不仅能够亲身体验到物理学原理如杠杆原理、能量守恒和转换原理在实际生活中的应用，还能深刻理解古代人类是如何利用有限的科技条件解决实际问题的。在这个过程中，学生需要发挥自己的想象力和创造力，设计并构建出能够准确投射的抛石车模型（图 4.13）。这不仅锻炼了学生的工程制图能力、物理计算能力，也培养了他们的问题解决能力。

图 4.13　同学们在制作抛石车模型

　　创意编程则是将编程与艺术设计结合起来,通过编写代码来创造独特的视觉艺术作品或解决实际问题。这一项目不仅能够让学生掌握编程技能,更能激发他们的创造力和审美能力。在这个过程中,学生需要思考如何将抽象的编程语言转化为具体的视觉表达,这不仅锻炼了学生的逻辑思维能力,也培养了学生的艺术创造力。通过创意编程,学生可以学会如何利用现代科技手段表达个人的情感和观点。这对于培养具有创新意识和综合素养的现代人才具有重要意义。

　　深圳市青少年科技运动会通过选取这些低成本、具有教育意义的项目,降低了学生参加竞赛活动的经济负担,使得科技教育的普及不再受限于经济条件。更重要的是,这些项目的设计充分考虑了学生的实际操作能力和创新能力的培养。它们便于学生在家中自主完成,既加强了家庭教育与学校教育的联系,也为学生提供了一个展示自我、实现自我价值的舞台。

　　此外,这种类型的科技竞赛活动还能够有效地促进科技教育资源的均衡分配,拓宽受众面,让更多的学生有机会接触到科技创新成果。无论是城市学生还是偏远地区的学生,都能够在这样的活动中找到属于自己的位置,感受到科技创新的魅力。

　　开展竞赛、展示等相关活动是中小学人工智能教育的重要环节。我们需要通过有效的组织和指导,让竞赛活动成为学生学习和应用人工智能知识和技能的重要平台,从而提升他们的学习效果和实践能力。同时,我们也需要通过竞赛活动,激发学生的学习兴趣,提升他们学习的积极性和实践能力。

4.4　搭建校内人工智能学习实训基地

　　学校可以集中资源,建立人工智能专题学习实训基地或创客空间,为学生提供充足的场地、设备、资料等实训条件,开展人工智能相关的学习活动。

4.4.1　场地与布置

　　搭建校内人工智能学习实训基地需要有独立的区域,并进行专题性布置,如设立机器人展示区、编程学习区、技能操作区等。区域布置要科学合理、舒适安全,能够有效地引导学生主动学习和探索。

4.4.2　设备与资源配备

　　学校需要配备充足的电脑主机,并安装各种人工智能学习软件,如 Python、

TensorFlow、机器人仿真平台等；还需要配备3D打印机、激光切割机等快速制造设备以及各类组装工具。此外，学校还可以建立电子元件库、机械部件库等，供学生选用。

4.4.3 完善管理制度

学校要制定安全操作规范，定期维护保养；建立健全场地申请、设备借用等使用制度，方便学生预约使用；配备专职管理员，指导学生安全学习；建立学生自主管理小组，培养学生的责任感。

4.4.4 组织开展特色活动

学校可以定期举办人工智能项目展示活动、创客马拉松等特色活动，组建兴趣小组，自主探索人工智能的新方向。校内人工智能学习实训基地也可以给社会爱好者使用，实现校外交流。

4.4.5 典型案例

深圳市南山区某中学历时一年提前规划，利用教学楼顶层闲置空间，建立了人工智能实训基地。该基地拥有300平方米的场地，建有编程学习区、机器人区、挑战赛区等，配备了30台预装开发环境的电脑、多种编程和仿真平台软件以及组装机器人所需的主控板、传感器、执行机构等部件。学校还安排了专业的老师进行指导。一年来，该实训基地承办了10余场机器人大赛，带动了几百名学生参与人工智能学习，取得了显著成效。

4.5 开展校企合作，实现资源共享

由于在设备更新换代、师资培训、活动举办等方面存在不足，学校应与相关企事业单位积极开展合作，以实现资源优化配置，提升人工智能教育效果。

（1）共建人工智能教学实验室

学校可以与企业合作，引入先进设备建设实验室。企业可以提供硬件设备、系统解决方案等支持，学校提供场地和使用场景，共同打造实验室。学校与企业还可以共同建立产学研基地，进行技术研发。

（2）共享人工智能竞赛资源

学校可以与企业联合,将行业内竞赛对接到校内,提供场地、选手支持,企业提供赛题、评委、奖品等,实现优势互补。

2021 年 12 月 29 日,深圳市福田区红岭教育集团与腾讯青少年科技学习中心在腾讯滨海大厦签署战略合作协议。双方围绕代表未来科技最新方向的人工智能主题,发挥各自优势,整合各方资源,共同为青少年人工智能教学的实践进行前沿探索。

在笔者的主导下,合作项目进展顺利。三年时间内,双方在课程、竞赛、研学等方面开展全方位合作,取得良好的成绩:培养了邹阳、孙晟馨等 20 多位 NOC AI 创想家决赛全国一等奖获得者;邵子涵、罗梓桐、李泽廷等同学的课题《利用骨骼点识别进行仰卧起坐识别和纠正》荣获 2022 年犀牛鸟中学科学人才培养计划科研项目优胜奖。在做这个课题的过程中,除了笔者,还有北京邮电大学的指导教师邓伟洪教授参与了指导。

(3)联合开展人工智能教师培训

企业提供前沿课程并选派讲师授课,学校组织教师参加,实现师资力量提升。学校也可以和企业定期举办高水平的人工智能教育论坛,邀请人工智能领域的专家和学者共同探讨人工智能存在的问题和发展趋势。

(4)支持人工智能兴趣小组教学

为促进中小学人工智能教育,企业应秉承社会责任感,积极鼓励企业员工进校开展志愿者活动,指导学校的人工智能兴趣小组进行项目研究和技能培训,与学校教师商讨推进人工智能教育的有效措施。

(5)典型案例

深圳市某中学与本地人工智能公司达成合作,在校内共建了一个人工智能教学实验室。该公司提供了最新的 AI servers、工业相机、机械手等设备以及技术支持团队。学校则提供了实验室用房和日常管理服务。实验室一期工程已完成设备安装调试,并举办了两期人工智能夏令营活动。学生们在公司员工的指导下,学习使用工业级设备,完成了视觉识别、机械臂控制等应用研究项目。这样的校企合作,实现了良好的人工智能教育资源共享。

4.6　加强师资队伍建设

人工智能教育最关键的要素之一是师资力量。要通过多种渠道,打造一支结构合理、专业过硬的人工智能教师队伍。

（1）聘请外部专家兼课

学校可以通过聘请企业技术人员、高校教师来校兼课的方式,快速补充专业师资。这些专业导师既可以开设系统课程,也可以进行项目指导。

例如,2022年11月16日,我校邀请鹏城实验室的焦述铭博士为全校师生做了讲座。2022年12月4日,我校又邀请深圳技术大学的李蒙副教授为全校师生做了讲座。对于学生来说,这样的讲座拓宽了他们的视野。这些专业人士,能够带来前沿的科技知识和研究成果,让学生了解到课本以外的知识,激发他们对科学、技术等领域的兴趣和好奇心。同时,通过与专业人士的互动,学生可以了解到科研工作的真实情况,激发他们对科研工作的向往和热情。

对于老师来说,这些讲座同样具有深远的影响。首先,老师们可以借此机会更新自己的专业知识,了解最新的科研动态和技术发展情况,从而提升自身的教学水平。其次,老师们可以借鉴这些专业人士的科研方法和经验,优化自己的教学方法和策略,提高教学效果。因此,这些讲座对学校的整体发展具有积极的推动作用。

（2）选送教师参加培训

学校应鼓励对人工智能感兴趣的教师参加人工智能相关专业培训(图4.14),如编程、机器人、人工智能概论等课程培训,提高教师的专业水平。

图4.14　2023年7月8日,笔者参加深圳市中小学校长人工智能教育领导力研训班

（3）组建教师学习社群

学校应积极发挥教师内部互助互学的作用，组建专业学习小组，开展同伴互评等活动，促进教师专业成长。学校也可以在线上组建人工智能教师社群，为教师进行经验交流提供平台。

目前，笔者在广东教育学会科技教育专业委员会的指导下，成立了以本人名字命名的第二批和第四批广东省科技教育名师工作室。目前，已有 61 名教师参与开展项目研究。在广东省教育厅的领导下，以深圳市红岭中学为牵头单位，笔者作为主持人，承担了广东省教育信息化教学应用创新实践共同体项目《人工智能课程开发共同体》，深圳市共有 24 所学校参与。在广东省教育双融双创智慧共享社区设置了专栏，参与该项目的学校和教师、学生都可以在该社区上传相关作品图片、视频及创意教学设计、课程资料。2021 年 8 月，该项目顺利结项，并被广东省教育厅评为优秀项目。结项之后，该项目还在继续发挥影响力，我校继续发挥带头示范作用，通过 QQ 群、微信群、网络社区开展教育教学研讨活动。

（4）完善人工智能教师评价机制

在教师专业发展评价中增加人工智能教学能力维度，设立相应指标，形成选人用人向专业发展的导向。在建立人工智能教师评价机制时，需要关注以下几点：

①评价机制的目的与意义：明确人工智能教师评价机制的目的，强调评价机制对提高教师专业水平、促进人工智能教育质量的重要性，强调如何通过评价机制激励教师深入学习人工智能知识，提升教学能力。

②评价维度的构建：在现有教师评价体系的基础上，增加人工智能教学能力的评价维度，包括对人工智能基本理论的掌握程度、教学方法的创新性、课堂互动的有效性、学生反馈的积极性等方面的评价。

③评价指标的设定：为人工智能教学能力的每个维度设定具体的评价指标。例如，在"教学方法的创新性"这一维度，我们可以设置以下评价指标，如使用新兴技术的频率、教学内容的时效性和创新性等。

④评价流程的设计：设计一个全面、公正的评价流程，包括自我评价、同行评价、学生评价和专家评价等多个环节，确保评价结果的客观性和有效性。

⑤激励机制的建立：根据评价结果，为表现优秀的教师提供奖励和职业发

展机会,如提供进一步的培训机会、参与重要项目的机会等。

⑥持续改进与反馈:建立一个持续改进的机制,定期收集反馈意见,根据教育环境的变化和技术的发展对评价体系进行调整和优化。

在国内成功的人工智能教育项目中,教师评价机制方面的案例具有很强的创新性。以下是几个典型案例:

①华南师范大学与中讯邮电咨询设计院合作的教师能力 AI 测评系统。华南师范大学与中讯邮电咨询设计院合作,开发了国内首个人工智能教师能力测评系统。该系统通过 AI 技术帮助教师进行教学反思和专业发展。它能够为学校提供教师队伍专业能力的详细记录,进而提高教师自我反思的能力,并为教育教学和教师专业能力发展提供决策依据,推动教育服务供给模式升级和教师职后培养水平的提升。

②北京大学等学校设立的智能教育研究院。这些是面向中小学教师的智能教育研究院,集中了计算机科学和教育学等优势学科,以智能工具为支撑,重塑课程体系,精准提升教师的素养。这些研究院通过开发应用场景和产品,探索了智能评价、课堂诊断与改进等多个方向,以提高教师的信息化教学能力。

③华中师范大学人工智能教育学部的复合型人才培养模式。华中师范大学通过人工智能教育学部,对教师教育体系进行了重构,创新了教育教学模式。学部整合了教育学、计算机科学等多个学科,推动了人工智能与教育的深度融合。同时,学部还开展了以数据为基础的教师数字画像和多元评价体系的研究,为教师的专业发展提供了科学的评价和指导。

这些案例体现了人工智能技术在教师评价机制中的应用,不仅提高了教师的教学能力和专业素养,也推动了教育评价机制的创新与发展。这些实践为教育质量的提升提供了有效的工具和方法,从中也可以看出人工智能技术在教师评价体系中的重要作用。

(5)典型案例

案例一:北京某中学人工智能课程的构建与实施研究

1.案例背景和目标

这所中学构建和实施了一套全面的人工智能教育课程,旨在通过人工智能教育提升学生的科技素养,特别是在人工智能快速发展的现代社会背景下。

2. 实施策略

学校采用的主要策略是整合现有学科课程,将人工智能的基础知识和应用实践融入传统课程中。这种跨学科的教学方法使学生在学习传统学科的同时,学习和理解人工智能的基本概念。

学校还引入了专门的人工智能课程和实验室活动,为学生提供直接体验和实践人工智能技术的机会。

3. 成效与影响

通过这种融合式的教育方式,学生不仅学到了人工智能的理论知识,而且能够在实践中应用这些知识解决问题。

课程的实施对于提升学生的创新能力和科技素养产生了积极的影响,同时也为学校的教育模式提供了新的发展方向。

此案例展示了如何在传统教育体系中有效融入人工智能教育,为学生提供了学习和应用 AI 技术的全新途径。这种方法不仅提高了教育质量,也为学生未来的学习和职业发展奠定了坚实的基础。

(来源:中国教育信息化网)

案例二:中小学 AI 教育实践研究项目

1. 项目背景和目的

该项目由上海人工智能实验室智能教育中心与课程教材研究所共同发起,旨在顺应信息技术时代的发展趋势,探索人工智能教育在中小学阶段的实践与创新模式。

项目的目的是贯彻落实教育数字化转型,为全国中小学提供可迁移、可借鉴的人工智能教育模式。

2. 实施步骤和内容

该项目吸引了531名骨干教师和78名教研员参与,覆盖全国20个实验区的319所实验学校。

项目通过线上线下相结合的方式,包括专题讲座、师资培训、教师工作坊和教育论坛等,帮助教师快速成长。

重点提供前沿、多元、易用、可连通和可扩展的浦育平台及丰富的课程与实践案例,以降低教师的学习和教学难度。

3. 成效和影响

项目成功地推动了人工智能教育在中小学的实践,提升了教师在 AI 领域的教学能力。

参与项目的教师能更好地融合 AI 技术与课程内容,创新教学方法,提高学生的学习效果。

通过实践研究,项目为推动中小学人工智能教育的发展提供了新的见解和策略。

(来源:上海人工智能实验室官网)

案例三:广州中小学人工智能教育普及项目

1. 项目背景

广州积极响应国家关于新一代人工智能教育的发展要求,在全市范围内推广人工智能教育,提升学生的创新能力和科技素养。

2. 实施措施

(1)建设平台。广州建立了"广州中小学人工智能课程教学平台",为全市数字资源供给托底,确保每所学校都能获得高质量的 AI 教育内容。2021 年 12 月,广州市教育研究院组织了广州市中小学人工智能课程优秀案例征集活动,同时组织专家对这些案例进行评审,并甄选出有代表性的优秀案例,进行修订、打磨、优化,并配以专家点评,通过教研活动向全市人工智能教师进行展示,通过线上问卷的方式让每位教师参加评课活动。

(2)师资培训。将人工智能教研纳入常态化学科教研体系,配备专兼职人工智能教育教研员,至目前已培训约 2 万名人工智能教师。

(3)课程教学。利用广州中小学人工智能课程教学平台,面向全市学生组织创意编程比赛,提升学生的动手实践能力和创新思维能力。

3. 成效展示

在"AI 教师成长营"的交流展示中,51 个优秀项目的学员参与了展示。《菜园里的稻草人》《失语瘫痪患者医护召唤装置》等创新作品,得到了专家和观众的一致好评。

教师和学生通过参加这些活动,不仅学会了使用 AI 教育工具,还针对人工智能教学实践进行了深入的探讨,提高了自身的技术素养,获得了丰富的教学灵感。

4.项目意义

这一系列活动不仅推动了人工智能教育在广州中小学的普及,还为教师提供了专业成长的机会,同时也激发了学生对人工智能的兴趣,培养了他们的科学探索精神和创新能力。

(来源:广州市教育局官网)

综上所述,中小学进行人工智能创新人才培养需要做到理论教学和实践教学紧密结合,在掌握人工智能基础知识的同时,通过丰富的项目实践、竞赛活动来培养学生的动手能力、团队协作能力。搭建良好的校内实训基地,开展校企合作,强化师资队伍建设,是确保实践教学质量的关键。只有把理论学习和实际应用结合起来,让学生在实践中得到提高,我们才能培养出大批掌握人工智能技术和创新思维的青少年学子。

第5章 教师角色与能力培养

在人工智能快速发展的背景下,中小学教师角色的转变和能力的提升在教育改革中至关重要。在人工智能教育中,教师不只是知识的传递者,更是引领者、设计者、合作者和学习者。他们的工作已经超越了传统的教学界限,延伸到了培养学生的创新思维、解决问题的能力以及终身学习的能力等方面。本章将详细讨论中小学人工智能教师的角色定位,探索教师的培养模式和路径,并提供关于教师专业发展和学术交流的指导。

5.1 中小学人工智能教师的角色定位

在 21 世纪,教师的角色已经发生了巨大的变化。他们不再是知识的单向传递者,需要引领学生在知识的海洋中探索,帮助他们构建自己的知识体系,培养他们的创新思维和解决问题的能力。在人工智能教育中,这种变化更为显著。人工智能教师需要成为学生学习的引领者、教学活动的设计者、学生发展的合作者和终身学习的实践者。

5.1.1 引领者——人工智能应用的倡导者和实践者

随着人工智能技术的普及,教师在课堂上的角色已经从传统的知识传递者转变为引领者。他们是人工智能教育的倡导者和实践者,负责引导学生理解人工智能的基本概念,掌握人工智能的基本技能,以及了解人工智能的应用场景。他们还需要引导学生思考人工智能的伦理问题,培养他们的批判性思维能力。

教师需要具备一定的人工智能知识和技能,才能有效地引导学生学习。他们需要理解人工智能的基本概念,包括人工智能的定义、分类和应用;需要掌握人工智能的基本技能,包括编程语言、机器学习算法和人工智能应用开发;还需要了解人工智能的应用场景,包括人工智能在教育、医疗、交通等领域的应用。此外,他们还需要关注人工智能的伦理问题,包括人工智能的隐私保护、数据安全和公平性等,引导学生进行批判性思考。

在实际教学中,教师需要将人工智能知识和技能融入课程中,使学生在学习过程中不断接触和理解人工智能。教师可以设计一些与人工智能相关的项目或活动,让学生在实践中学习人工智能;他们还要引导学生关注人工智能的最新发展和应用情况,激发他们的学习兴趣和探索欲望。以下是义务教育阶段我们可以提供的一部分人工智能教学内容,供读者参考。

在不同的阶段,人工智能教育的侧重点是不一样的。

小学阶段

人工智能概述:介绍人工智能的基本概念,包括人工智能的定义、历史和主要应用领域;让学生了解人工智能在日常生活中的应用,如智能语音助手、推荐系统等。

计算思维:通过解决问题和游戏,培养学生的计算思维能力,包括算法思维、抽象思维、逻辑思维和分解思维。

基础编程:学习使用 Scratch 或其他适合小学生的编程工具,理解编程的基本概念,如变量、循环和条件语句。通过实际操作,让学生了解计算机是如何工作的。

机器人编程:使用教育机器人,如 Lego Mindstorms 或 Makeblock,进行编程实践。通过控制机器人的动作,让学生了解编程的实际应用。

简单的数据和算法:理解数据的重要性,学习简单的数据分类和排序算法。通过实际的例子,让学生了解算法是如何解决实际问题的。

初中阶段

编程进阶:学习 Python 或 JavaScript 等更高级的编程语言,掌握函数、对象和模块等概念。通过编写更复杂的程序,提升学生的编程能力。

人工智能和机器学习:介绍人工智能和机器学习的基本概念,理解如何通过数据训练模型。通过实际的例子,让学生了解机器学习是如何工作的。

数据科学基础:学习数据收集、清洗、分析和可视化的基本技巧。通过实际项目,让学生了解数据科学是如何帮助我们理解世界的。

机器人和物联网:通过编程控制更复杂的机器人和物联网设备,理解它们如何与现实世界互动。通过实际项目,让学生了解物联网如何改变我们的生活。

人工智能伦理和社会影响:讨论人工智能的伦理问题,以及它对社会的影响。通过案例分析,让学生知道人工智能的潜在风险和将面临的挑战。

高中阶段

高级编程:学习更复杂的编程概念,如数据结构、算法和软件工程。通过编写更复杂的程序,提升学生的编程能力。

深入机器学习:理解更复杂的机器学习模型,如神经网络和深度学习。通过实际的项目,让学生理解深度学习是如何解决复杂问题的。

人工智能项目:设计和完成一个人工智能项目,如智能家居系统、自动驾驶模拟器或聊天机器人。通过实际的项目,让学生理解人工智能的实际应用。

数据科学进阶:学习更高级的数据分析技巧,如预测模型和自然语言处理。通过实际的项目,让学生理解数据科学的高级应用。

人工智能的未来:探讨人工智能未来的趋势,以及它对职业和社会的影响。通过研究和讨论,让学生理解人工智能未来的发展趋势。

5.1.2　设计者——教学活动的设计者和学习环境的创建者

在人工智能教育中,教师需要成为教学活动和学习环境的设计者,这是他们在人工智能教育中的重要角色之一。这个角色要求教师具有教学设计能力、环境设计能力以及人工智能技术应用能力,这些都是教师在人工智能教育中必备的技能。

A.教学活动的设计者

在设计教学活动时,教师首先需要理解学生的学习需求和兴趣,这是设计教学活动的起点。了解了学生的需求和兴趣后,教师就可以有针对性地设计出符合学生需求的教学活动。例如:针对学生的学习目标,设计出能够帮助学生达到学习目标的教学活动;针对学生的学习兴趣,设计出能够激发学生兴趣的教学活动。这样的教学活动不仅能够激发学生的学习兴趣,还能够帮助学生达到学习目标,提高学生的学习效果。

为设计出符合学生需求的教学活动,教师需要具备一定的教学设计能力。这包括理解和掌握各种教学设计方法和策略,如项目式学习、探究性学习、问题导向学习等;也包括运用创新思维,结合学生的需求和兴趣,创新性地设计出各种教学活动。在这个过程中,教师不仅是教学活动的设计者,也是教学活动的实施者。他们需要在实施教学活动的过程中,不断调整和优化教学活动,以适应学生的学习需求,提高教学活动的效果。

B. 学习环境的设计者

教师在设计学习环境时,同样需要理解学生的学习方式和学习习惯,这是设计学习环境的起点。了解了学生的学习方式和学习习惯后,教师就可以有针对性地设计出符合学生需求的学习环境。例如:针对学生的学习方式,设计出契合学生学习方式的学习环境;针对学生的学习习惯,设计出能够适应学生学习习惯的学习环境。这样的学习环境不仅能够满足学生的学习需求,还能够帮助学生提高学习效率。

为了设计出符合学生需求的学习环境,教师需要具备一定的环境设计能力。这包括理解和掌握各种环境设计方法和策略,如个性化学习路径、协作学习项目、学习社区和学习网络等;也包括运用创新思维,结合学生的需求和习惯,创新性地设计出各种学习环境。在这个过程中,教师不仅是学习环境的设计者,也是学习环境的利用者,需要在利用学习环境的过程中,不断调整和优化学习环境,提高学习环境的效果,以适应学生的学习需求。

C. 人工智能技术的应用者

在人工智能教育中,教师还需要成为人工智能技术的应用者,利用人工智能技术提高教学活动的效果和效率。例如:教师可以利用学习分析技术,分析学生的学习行为和学习效果,以便及时调整教学活动和学习环境;教师也可以利用智能推荐技术,推荐和提供适合学生的学习资源和学习活动,以便为学生的个性化学习服务;教师还可以利用虚拟实验技术,模拟和演示复杂的人工智能算法和过程,以便加深学生对人工智能技术的理解。

为了有效地应用人工智能技术,教师需要具备一定的人工智能技术应用能力。这包括理解人工智能技术的原理和功能,掌握人工智能技术的操作和使用方法,运用创新思维应用人工智能技术。在这个过程中,教师不仅是人工智能技术的应用者,也是人工智能技术的传播者。他们需要在应用人工智能技术的过程中,不断调整和优化人工智能技术,提高人工智能技术水平,以适应教学活动和学习环境的需求。

综上所述,教师在人工智能教育中,不仅是创新的教学活动和学习环境的设计者,也是高效的教学活动的组织者和学习环境的利用者,还是熟练的人工智能技术的应用者。他们需要利用自己的教学设计能力、环境设计能力和人工智能技术应用能力,创新地设计教学活动和利用学习环境,熟练地应用人工智能技术,以支持和促进学生学习。

5.1.3　合作伙伴——与学生、家长和社区互动

在人工智能教育中,教师是知识的传授者和学习的引导者,还要与学生、家长和社区建立良好的合作关系,共同推动学生的全面发展。人工智能教育是一个系统工程,涉及学生的知识学习、技能培养、情感培养、价值观塑造等多个方面,需要教师、学生、家长和社区共同参与和配合,才能达到最佳的教育效果。因此,教师需要具备与人沟通和协作的能力,需要尊重学生的个性和差异,关注学生的学习需求和兴趣。教师需要与家长和社区保持紧密的联系和交流,需要利用社区的资源和服务,丰富教学活动,打造好的学习环境。

首先,教师需要尊重学生的个性和差异,关注他们的学习需求和兴趣。每个学生都是独一无二的。他们有自己的兴趣和才能,有自己的优点和缺点,有自己的期待和目标,因此,教师需要尊重他们的个性和差异,给予他们个性化和差异化的教育。例如:教师可以通过了解学生的背景和兴趣,设计符合他们需求的教学活动;教师可以通过观察学生的反应和表现,提供适合他们的学习任务;教师可以通过倾听学生的想法和意见,关注他们的感受和体验。在这个过程中,教师不仅是教学者,更是学生的支持者。

其次,教师需要与家长和社区保持紧密的联系和交流。家长是学生的第一任教师,对学生的教育和成长有着重要的影响;社区是学生生活和学习的环境,提供了丰富的资源和机会,对学生的发展也有广泛的影响。因此,教师需要与家长和社区建立良好的合作关系,需要通过家长会、家校互动平台等,与家长进行沟通和交流;需要通过社区访问、社区项目等,与社区进行合作。在这个过程中,教师不仅是家长和社区的合作者,也是他们的连接者、协调者。

再次,教师需要利用社区的资源和服务,丰富教学活动,优化学习环境。社区有着丰富的资源和服务,如图书馆、文化中心、社区学校、志愿者团体等。这些资源和服务都可以为人工智能教育提供丰富的教学材料、活动场所、实践机会。因此,教师需要积极寻找和利用这些资源和服务。教师可以通过组织学生

参观图书馆,获取新的知识和信息;可以通过开展社区服务活动,让学生在实践中学习和成长;也可以通过与社区学校和志愿者团体合作,提供更多的学习机会和服务机会。在这个过程中,教师不仅是资源和服务的利用者,也是它们的发现者、连接者、推动者。

综上所述,教师在人工智能教育中,是与学生、家长和社区互动的合作伙伴。他们需要利用自己的沟通和协作能力,与学生、家长和社区建立良好的合作关系,共同推动学生的全面发展。这要求教师具备尊重和关注学生、联系家长、利用社区的能力,同时也要具备教育的热情和责任感,以适应学生的学习需求、满足家长的教育期待、发展社区的教育资源。

5.1.4　终身学习和自我提升的实践者

在人工智能教育中,教师不仅是知识的传授者、课堂的引导者、教学活动和学习环境的设计者,还是终身学习和自我提升的实践者。人工智能技术的发展日新月异,教师如果不能跟上发展的步伐,很可能会被时代淘汰。因此,为了在教育领域保持竞争力,教师必须具备持续学习和自我提升的能力,需要不断学习新的知识和技能,反思和改进自己的教学实践,以提升自己的教学能力和专业素养。

首先,作为终身学习的实践者,教师需要理解终身学习的重要性,培养自己的学习兴趣和动机,制定和执行自己的学习计划。他们需要通过阅读书籍和论文,获取人工智能技术的新知识和新理论;需要通过参加课程和培训,学习人工智能技术的新应用和新技能;需要通过参与会议和研讨会,了解人工智能教育的新趋势和新实践。在这个过程中,教师不仅是学习的接受者,也是学习的实践者,需要在学习过程中,不断实践和应用新的知识和技能,以提升自己的教学能力和专业素养。

然而,持续学习并不是一件容易的事,要求教师具备一定的学习能力,掌握一定的学习策略。教师需要掌握有效的学习方法,如深度学习、主动学习、协作学习等,以提高学习的效率和效果;需要制订合理的学习计划,如确定学习目标、安排学习时间、选择学习资源等,以保证学习的进度和质量;需要培养积极的学习态度,如坚持学习、享受学习、反思学习等,以激发学习的兴趣和动力。这些学习能力和学习策略,都是教师作为终身学习的实践者,必须具备的。

在学习新知识和技能的过程中,教师还需要利用各种学习资源和学习机会。例如:他们可以利用在线学习平台,如 MOOC、教育公开课等,获取丰富的学习资源,如课程视频、课程笔记等;可以参加各种教育培训和研讨会,获取最新的教育理论和实践经验;可以参与教育研究项目,深化自己的教育理论和技能。这些学习资源和学习机会,不仅能够丰富教师的学习内容,也能够拓宽教师的视野,增加教师的学习深度和广度。

此外,教师还需要参加各种人工智能教育培训和研讨会,提升自己的人工智能技能。例如:他们可以参加由教育部门、科研机构、高等院校等组织的人工智能教育培训,了解人工智能教育的最新动态,学习人工智能教育的最新技术;可以参加由学术组织、学会、杂志社等组织的人工智能教育研讨会,分享自己的人工智能教育实践,获取他人的人工智能教育经验。这些培训和研讨会,不仅为教师提供了学习人工智能知识和技能的平台,也为教师提供了交流人工智能教育经验的平台,有助于提升教师的人工智能教育能力和影响力。

其次,作为终身学习的实践者,教师也需要反思自己的教学实践,以不断改进教学技巧和提高教学水平。教师的教学实践是一个复杂的过程,涉及多个环节,如教学设计、教学实施、教学评价等。每个环节都存在优点和缺点,都可能成功或失败。因此,教师需要进行深刻的反思,以发现自己的优点和缺点,吸取成功的经验,总结失败的教训,从而改进教学方法。

同时,教师作为反思者,需要掌握反思的方法和技巧,如描述反思、分析反思、解释反思、预测反思等,以进行有效的反思。教师可以通过描述反思,详细记录自己的教学过程和结果,以便回顾教学过程;可以通过分析反思,发现并解决自己的教学问题和教学困惑;可以通过解释反思,理解自己的教学行为和教学思维,以便做出改变;可以通过预测反思,设想未来的教学,以便制订计划和实施计划。这些反思的方法和技巧,都是教师作为反思者,必须掌握的基本能力。

在反思的过程中,教师还需要利用各种反思工具和反思机会。例如:教师可以利用教学日记、教学录像等反思工具,可以利用教学研讨、教学评审等反思机会,帮助自己进行深入的反思。这些反思工具和反思机会,不仅能够丰富教师的反思内容,也能够拓宽教师的反思视野,增加教师反思的深度和广度。

此外,教师还需要通过学术交流和发表学术论文,分享自己的教学经验和研究成果,提升自己的教育影响力。例如:教师可以通过参加教育研讨会和教育会议,分享自己在教学设计、教学实施、教学评价等方面的教学经验,获取他人的教学评价、教学建议等教学反馈;可以通过发表教育论文和教育报告,公开自己的教学理念、教学方法、教学效果等教学研究成果,提升自己的教学影响力。这些学术交流活动和学术讲座,不仅为教师提供了分享教学经验的平台,也为教师提供了提升教育影响力的平台。

综上所述,教师在人工智能教育中的角色,是终身学习和自我提升的实践者。他们需要利用自己的学习能力和反思能力,进行持续的学习和反思,以支持和促进自己的专业发展。这个角色要求教师具备学习新知识和技能的能力、反思和改进教学实践的能力,同时也要具备学习的兴趣和动机。

5.2　教师培养模式和路径

为了有效地提升教师的人工智能教育能力,我们需要采取合理的教师培养模式和路径。这些模式和路径应该关注教师的知识和技能的提升、教学实践的改进以及对教师专业发展的支持。

5.2.1　基于能力的培养模式

在人工智能教育中,基于能力的培养模式是一种重要的教师培养模式,其核心是通过系统的教育培训和实践活动,丰富教师的专业知识,提升教师的专业技能以及教师的教学设计、教学实施和教学评价等核心教学能力。这种培养模式强调教师的全面发展,不仅关注教师的知识和技能,也关注教师的思维方式和价值观,特别是教师的创新思维、批判性思维和解决问题的能力。

在基于能力的培养模式中,教师的专业知识和技能的培养,主要通过培训来实现。教师培训可以采取多种形式,如在线课程、工作坊、研讨会等。在这些培训活动中,教师可以学习和理解人工智能的基础知识和应用,掌握人工智能的教学方法和策略,熟悉人工智能的教学设计和评价技巧。通过持续的学习和实践,教师可以不断提升自己的人工智能教育能力,以胜任人工智能教育工作。

在基于能力的培养模式中,教师的教学设计、教学实施和教学评价等核心教学能力的培养,主要通过教师的发展来实现。教师可以采取多种形式,如课堂教学、教学设计、教学研究等实现发展。在这些活动中,教师可以将所学的知识和技能应用到实际的教学中。他们可以在实践中检验和改进自己的教学设计,可以通过教学研究,反思自己的课堂教学,提升自己的教学效果。通过持续的实践和反思,教师可以不断提升自己的教学能力,以提高教学的质量和效果。

在基于能力的培养模式中,教师的创新思维、批判性思维和解决问题的能力的培养,主要通过教师的自主学习和自我发展来实现。教师需要理解和认同终身学习的理念,需要有自主学习的动机和能力,需要制定和执行自己的学习计划。通过持续的学习和发展,教师可以不断更新自己的知识和理念,提升自己的思维能力和解决问题的能力,以适应人工智能教育的变化和发展需求。

在基于能力的培养模式中,教师的评价和反馈,主要通过自我评价、同行评价和学生评价来实现。在这些评价活动中,教师可以反思自己的教学实践,了解自己的教学优点和不足。通过同行评价,教师可以得到专业的反馈和建议,通过学生的评价,可以了解学生的学习效果和满意度。通过这些评价和反馈,教师可以不断调整和改进自己的教学,以提升自己的教学效果和满意度。

综上所述,基于能力的培养模式在人工智能教育中的应用,需要注重教师的全面发展,包括教师的专业知识水平和技能,教师的教学设计、教学实施和教学评价等核心教学能力以及教师的创新思维、批判性思维和解决问题的能力。通过教师培训、教师发展和教师评价等方式,我们可以有效地实施这种培养模式,以提高教师的人工智能教育能力、教育质量,提升人工智能教育效果。

5.2.2 研究性学习的培养路径

首先,我们要明确研究性学习路径在提升教师研究能力方面的作用。研究性学习,作为一种教师专业发展的方式,可以帮助教师深化对教育实践的理解,提升教师的教学技能和专业素养。通过参加研究活动,教师可以从实践中获得反馈,反思和改进自己的教学方法,提升教学效果。

其次,我们要探讨如何通过研究性学习培养教师的研究兴趣。研究性学习的过程可以激发教师的好奇心和探索精神,使他们对教育实践进行深入的思考。通过研究活动,教师可以看到自己的努力如何转化为实践成果。这种成就感和满足感,可以进一步激发他们的研究兴趣。

再次,我们要描述如何通过研究性学习反思和改进教学实践。研究性学习鼓励教师在实践中提出问题,收集和分析数据,然后根据研究结果调整教学策略。这种"反思—行动—反思"的循环过程可以帮助教师持续改进教学,提升教学质量。

在研究性学习路径中,教师培训应如何进行以提升教师的研究素养和能力呢?教师培训应该包括研究方法和技能的训练以及对教育研究的理论知识的学习。同时,培训应该提供实际的研究机会,让教师能够在实践中发挥和提升研究能力。

为了培养教师的研究兴趣,我们可以提供一些实际的研究项目和机会。例如,教师可以研究不同的教学方法对学生学习效果的影响,研究如何通过教育技术提高教学效率。这些研究项目和机会可以让教师看到研究在改进教育实践中的实际价值,从而激发他们的研究兴趣和动机。

评价教师的研究成果及其影响是一个复杂又重要的问题。我们需要建立一个公正、全面的评价体系,既要考虑教师的研究过程,也要考虑研究的结果和影响。评价体系应该包括自我评价、同行评价和专家评价,以确保评价的公正性和有效性。

在教师培训方面,我们可以分享一些线上和线下的实例。例如,线上的MOOC课程和线下的研讨会都可以提供系统的教育研究知识和技能的学习。通过这些活动,教师可以了解最新的研究成果,学习有效的研究方法,提高自己的研究能力。

在提供研究项目和机会方面,我们可以提供一些研究项目和活动的实例。例如,教师可以参与到学校的教育改革项目中,进行实地的教育研究。这些项目和活动提供了很多研究机会,能够帮助教师提高研究能力、激发研究兴趣。

在评价教师的研究成果及其影响方面,我们可以分享一些评价的实例。例如:教师可以进行自我评价,反思自己的研究过程和结果;同行可以进行互评,提供不同的视角和反馈意见;专家也可以进行评价,提供专业的建议和指导。这些评价可以提供公正且客观的反馈意见,帮助教师改进研究,提高研究质量。

综上所述,研究性学习是一种有效的教师专业发展方式,可以提高教师的研究能力,激发教师研究的兴趣,能够帮助教师改进教学,提高教学质量。通过提供有效的教师培训、研究项目和机会以及公正客观的评价,我们可以有效地实施研究性学习,提升教师的研究素养和能力。

5.3 教师专业发展和学术交流

教师专业发展和学术交流是教师持续提升专业素养和教育影响力的重要途径。教师可以通过参加专业培训、学术会议、教育研究等活动,获取新的知识和见解,提升教育影响力。

5.3.1 专业培训:提升教师的专业知识和技能

专业培训是教师提升专业知识和技能的重要途径。教师可以通过参加各种线上和线下的专业培训,如在线课程、工作坊、研讨会(图5.1)等,学习新的知识和技能,提升自己的教育影响力。

图5.1　2024年1月14日,笔者参加南方科技教育研讨会暨大湾区科创拔尖人才培养教师专场活动

在专业培训中,教师需要积极参与、主动学习,持续积累专业知识,提升专业技能。教师可以选择符合自己的需求、自己感兴趣的课程,深入学习;还可以参与有关课程的讨论,参加培训活动,分享自己的见解和经验,与其他教师进行交流和合作。

在实际的教育中,各级教育部门和学校应该为教师提供专业培训机会,包

括人工智能教育知识和技能的培训、教学设计和教学实践的培训、教育研究和
教育创新的培训等。这些培训可以帮助教师提升专业素养、教学效果和教育影
响力。

5.3.2 学术会议：开阔教师的学术视野，扩大教师的影响力

学术会议是教师开阔学术视野和扩大影响力的重要途径。教师可以通过
参加各种线上和线下的学术会议，如学术论坛（图5.2）、学术研讨会、学术研究
会等，获取新的知识和见解，提升自己的学术影响力。在学术会议上，教师需要
积极参与讨论、主动学习，分享自己的研究成果和教育经验，与其他教育者进行
交流和合作。

图5.2 2017年5月，笔者在全国中小学机器人教学暨创客教育展评论坛上做主题演讲

在实际教育中，各级教育部门和学校应该为教师提供参加学术会议的机
会，包括人工智能教育学术论坛、教育研究学术研讨会、教育创新学术研究会、
优秀成果交流会（图5.3）等。这些会议可以帮助教师了解最新的研究成果和
动态。

图5.3　2017年11月28日,笔者在广东省中小学特色课程建设暨优秀成果交流会
做课程建设汇报

5.3.3　教育研究:推动教育的创新和发展

　　教育研究是教育创新和发展的关键驱动力。它是一种通过系统的、科学的
方法来探索、理解和解决教育问题的活动。教育研究可以帮助我们理解教育的
本质,揭示教育的规律,提升教育的效果,推动教育的创新和发展。

　　教师是教育研究的重要参与者。他们不仅是教育研究的对象,也是教育研
究的主体。教师通过参与教育研究,可以提升自己的教育理论素养,提高自己
的教育实践能力,发现和解决教育问题,推动教育的创新和发展。

　　教师可以通过参与教育研究来发现和解决教育问题。教育问题是教育实
践中的难题和疑问。教师通过参与教育研究,可以深入教育实践的一线,直面
教育问题,寻找解决问题的答案,推动教育的改革和发展。

　　教师可以通过参与教育研究来提升自己的教育理论素养。教育理论是指
导教育实践的基础。教师通过参与教育研究,可以深入学习和理解教育理论,
提升自己的教育理论素养。

　　教师参与教育研究,还可以提高自己的教育实践能力。教育实践是教育理

论的应用,是教育研究的基础。教师通过参与教育研究,可以将教育理论应用到教育实践中,提高自己的教育实践能力,优化教学技巧。

在教育研究过程中,教师需要积极参与教育研究活动,主动学习。教师可以通过开展教育调查和设计教育实验,深化对教育实践的理解,发现并解决教育问题。同时,教师也可以通过撰写和发表论文,分享自己的研究成果和教育经验,提升自己的专业影响力。

各级教育部门和学校也应该为教师提供教育研究机会,包括教育调查的组织和开展、教育实验的设计和开展以及教育论文的撰写和发表等。

综上所述,教育研究是推动教育创新和发展的重要方式。教师应积极参与教育研究活动,主动学习研究方法和研究技能,通过组织和开展教育调查、设计和开展教育实验,发现和解决教育问题。同时,教师应积极撰写和发表教育论文,分享研究成果和教育经验,提升自己的教育影响力。各级教育部门和学校应为教师提供教育研究机会,助力教师提升研究技能。

5.4　小结

综上所述,中小学人工智能教师的角色定位、教师的培养模式和路径以及教师的专业发展和学术交流,都是教师在人工智能教育中应做好的几个方面。教师需要在实践中不断调整自己的角色,提升自己的能力,扩大自己的影响力,以适应人工智能教育的发展。同时,各级教育部门和学校也需要为教师开展人工智能教育提供全方位的支持和服务,帮助他们成功地应对人工智能教育的挑战。

第6章　家庭与社区支持

在现代社会中,中小学人工智能教育已经成为教育领域的重要部分。人工智能教育不仅关乎技术,更关乎我们国家和社会未来的发展。在这个大背景下,我们需要明白,中小学人工智能教育的实施,不仅仅是学校的事情,更需要家庭与社区的广泛支持和深度参与。

家庭是第一所学校,父母是第一任老师,家庭对孩子的成长影响深远。同样地,作为孩子们接触社会的第一个窗口,社区提供的多元化环境和丰富的资源,对孩子的成长也起着至关重要的作用。如何发挥家庭与社区在中小学人工智能教育中的独特作用,是本章将要探讨的重要问题。

6.1　家庭与中小学人工智能教育的关系

6.1.1　家庭环境对孩子的影响

家庭是孩子成长的摇篮,对孩子的一生都会产生深远的影响。家庭环境,尤其是父母的教育态度和方法,直接影响着孩子的认知发展、品行养成、习惯形成、情感健康、价值观塑造等诸多方面。

在人工智能教育的初级阶段,家长的态度尤为重要。人工智能教育涉及计算机编程、智能设备操作等技术性强的内容,对孩子来说可能是全新的、陌生的。家长的态度,无论是接纳还是抵触,都会对孩子产生影响,进而影响孩子对人工智能教育的接受程度。

6.1.2　家庭教育与学校教育的结合

家庭教育与学校教育不是相互独立的,而是相辅相成的。在人工智能教育中,家庭教育是学校教育的重要补充。学校的人工智能教育主要通过课堂教学的方式,向学生传授相关知识和技能。然而,课堂教学时间有限,学生理解和吸收知识也需要时间。在家庭中,学生可以复习课堂上学到的知识,巩固课堂上学到的技能。

此外,家庭还是孩子运用人工智能知识和技能的重要场所。学校的人工智能教育往往强调理论知识的学习,而家长则可以提供实践操作的机会。在家庭中,孩子可以在父母的指导下,操作智能设备,编写程序。这样的实践操作,不仅能够使他们更好地理解理论知识,也可以锻炼他们的动手能力和创新能力。

6.1.3　家庭对人工智能教育的支持

家庭对人工智能教育的支持,体现在两方面:提供学习环境和实践机会,家长积极参与。对人工智能有所了解的家长,会利用自己的知识和技能,为孩子解答问题、提供指导。对人工智能不够了解的家长,可以通过学习,提高自己的能力,以更好地帮助孩子接受人工智能教育。

此外,家长还可以通过参加家长会和学校的人工智能教育活动,了解孩子在学校的学习情况,与老师进行交流,共同推进孩子的人工智能教育。

6.1.4　家庭的挑战与解决办法

家庭在人工智能教育中扮演着重要的角色,但是也面临一些挑战。首先,许多家长对人工智能知识和技能缺乏了解,可能无从下手,不知道如何帮助孩子学习。其次,家庭的经济条件也会影响人工智能教育的实施,那些价格高昂的设备和课程不是所有家庭都承受得起的。

针对这些挑战,我们需要寻找解决办法。学校和社区可以通过开展家长培训,帮助家长丰富人工智能知识,提升人工智能技能,以更好地支持孩子的学习。同时,我们也可以尝试通过公共资源,包括政府的资助、企业的捐赠、社区的共享等方式,来减轻家庭的经济压力,使更多的孩子有机会接触和学习人工智能。例如,笔者每年都主持举办本校科技节,邀请家长参与每个项目,让家长做学生科技项目的导师和裁判(图6.1)。

图6.1　红岭中学科技节上,家长参与水火箭项目的教学

案例一:邵家的人工智能教育

邵先生是一家科技公司的实控人,他的女儿从小对人工智能充满了好奇。于是,邵先生决定在日常生活中引入人工智能教育。邵先生首先在家里腾出了一个小房间,添置了无人机、开源硬件等工具和设备,教女儿使用语音助手完成各种任务,例如设定闹钟、播放音乐、查询天气等,通过实践让女儿对人工智能有了初步的认识和理解。

随后,邵先生为女儿安排了一系列的项目,如使用人工智能识别植物、动物等,甚至使用人工智能来创建艺术作品。在完成每一个项目后,邵先生都会与女儿一起分析人工智能的工作原理,讨论人工智能的优点和局限,进一步加深她对人工智能的理解。

邵先生还注重培养女儿的伦理意识,让她理解人工智能在解决问题时也可能会带来伦理和社会问题。例如,在使用人工智能识别植物的项目中,邵先生引导女儿思考如何正确使用人工智能技术,避免出现可能的隐私问题和数据滥用问题。2020年,她与其他同学一起,参加了腾讯公司举办的 AI 创想营。2023年1月,她在全国青少年编程与人工智能计划"青少年编程与人工智能活动"中被评为编程新星。

2022年11月30日,她主持的课题《利用骨骼点识别进行仰卧起坐识别和纠正》荣获2022年犀牛鸟中学科学人才培养计划科研项目优胜奖。在做这个课题的过程中,笔者和北京邮电大学的邓伟洪教授作为她的指导老师参与指导,课题组的罗同学、李同学也给予了很大的支持和帮助,邵先生也协助女儿拍摄了项目视频(图6.2)。

图6.2　2022年11月6日,邵先生在学校协助拍摄项目视频

邵同学在学校积极参加各种比赛。2022年3月,她参加了第十九届"广东省少年儿童发明奖"评选活动,获得创意编程作品专项赛一等奖。2022年8月,她参加了世界机器人大赛锦标赛TGE引擎虚拟机器人挑战赛,获得全国二等奖。由于表现优异,她被评为深圳市中小学"明日科创之星"。

案例二:孙家的编程教育

孙先生是一名程序员,他的儿子孙同学在小学阶段就对计算机编程产生了强烈的兴趣。张先生便利用业余时间引导儿子学习编程语言,并让儿子尝试通过编程解决生活中的问题。

例如,家中有一只宠物猫,孙先生就引导儿子尝试通过编程设计一个自动喂食器。当他们出门旅游时,这个自动喂食器可以按照设定的时间投放猫粮。儿子在编程的过程中遇到了许多问题,但是孙先生并没有直接给出答案,而是引导他寻找解决方案,培养他的自学能力和解决问题的能力。

此外,孙先生还鼓励儿子分享学习成果,例如将自动喂食器的设计过程和编程过程记录下来,形成工程笔记。这样既锻炼了儿子的表达能力,也使他感受到学习编程的成就感。

2023年3月,学校组织有兴趣、有特长的同学参加全国中小学信息技术创新与实践大赛。孙同学在笔者的指导下,参加 AI 创想家比赛。他积极地训练和准备,最终获得了一等奖。

这两个案例表明,家庭对孩子的人工智能教育有重要的影响,家长的引导和鼓励可以帮助孩子充分激发兴趣,积极学习新知识,培养良好的学习习惯和态度。

6.2 社区资源和合作伙伴的重要性

6.2.1 社区资源在人工智能教育中的应用

社区资源是中小学人工智能教育中不可忽视的重要元素,包括社区的公共设施、企业单位、科研机构、非营利组织等。它们可以为人工智能教育,提供实践场所和学习资源。

例如:社区的公共图书馆可以提供大量的人工智能教材和参考书籍,供学生自学和研究;社区的科技公司可以提供实习机会,让学生在实际工作中学习和应用人工智能知识;社区的科研机构可以为学校的人工智能教育项目提供专业指导和技术支持;社区的非营利组织可以组织各种人工智能教育活动,给学生提供交流学习的平台。

6.2.2 合作伙伴在人工智能教育中的角色

合作伙伴是实现中小学人工智能教育的重要力量。这些合作伙伴包括教育机构、科技公司、科研机构、非营利组织、公共服务机构等,可以为学校的人工智能教育提供多元化的支持。

例如:教育机构可以为学校提供教材和课程设计指导;科技公司可以提供实践项目和实习机会,让学生们在实际生活中应用人工智能知识;科研机构可以为学校的人工智能教育项目提供专业指导和技术支持;非营利组织和公共服务机构可以组织各种人工智能教育活动,为学生提供展示和交流的平台。

6.2.3　社区资源和合作伙伴面临的挑战与解决办法

在利用社区资源和合作伙伴进行人工智能教育时,也会遇到一些挑战。首先,如何有效地整合和利用这些资源,需要进行明确的规划和协调。其次,如何保证资源的公平分配和有效利用,防止资源浪费,也是一大挑战。再次,如何处理学校与合作伙伴之间的利益冲突,如何保护学生的权益,也是需要注意的问题。

针对这些问题,我们需要制定明确的策略和机制。学校可以设立专门的部门或职位,负责社区资源的整合和管理。同时,学校和社区可以通过签订合作协议,明确各方的权益和责任,以防止产生可能的冲突。此外,学校和社区还可以定期举行评估和反馈会议,对资源的使用和合作的效果进行评估,以提高资源的利用效率和合作的效果。

以下案例或许能够为我们处理社区资源和合作伙伴面临的问题提供一些启示。

典型案例:元卓计划

"元卓计划第一期社区活动——青少年人工智能项目优秀成果案例研讨"是由北京师范大学发起的、旨在推广和支持青少年人工智能教育的重要活动。该活动通过在线方式举办,聚焦于青少年人工智能项目的优秀成果,旨在促进中小学有效开展人工智能教育。

在此次活动中,组织者邀请了来自中国人民大学附属中学的信息技术教师、浙江师范大学附属中学(金华二中)的信息技术教师以及北京的创客教育指导师进行主题分享。这些分享涉及人工智能教育的多个方面,包括课程开发、教学实践、学生项目指导等。北京师范大学智慧学习研究院的教育机器人工程中心主任姚有杰介绍了元卓计划的基本情况及青少年人工智能项目优秀成果征集活动的相关信息。

活动吸引了160余位参与者,他们就如何培育青少年人工智能项目的优秀成果、中小学如何开展人工智能教育等问题进行了深入的分组研讨和交流。这些活动为参与者提供了一个相互学习和交流的平台。通过这些活动,参与者不仅有机会了解到人工智能教育领域的最新动态和优秀实践成果,共同探讨如何在中小学阶段有效开展人工智能教育。

此外,元卓计划还在持续推进青少年人工智能项目优秀成果征集活动,鼓励广大青少年参加。该计划通过构建高校、中小学、科技企业的协同机制,提供算法、算力、数据集、知识和经验等全方位的支持,旨在促进青少年人工智能教育的发展,面向国际展示优秀成果,助力中国成为世界主要的人工智能创新中心之一。

(来源:北京师范大学智慧学习研究院)

6.3 家庭、学校和社区共同育人的重要性和合作方式

6.3.1 家庭、学校和社区共同育人的重要性

中小学不仅是孩子学习的关键阶段,更是他们健康成长的关键阶段。家庭、学校和社区是孩子成长的三大环境。三者之间的互动和协同,对孩子的健康成长具有重要的影响。

首先,家庭是孩子的第一社会环境,是孩子形成初步价值观和行为规范的地方。家庭教育的质量和特性,直接影响孩子的学习和成长。父母的态度和行为,会通过模仿和学习过程,影响孩子的性格和行为习惯。因此,家庭在人工智能教育中不可替代。

其次,学校是孩子的主要学习场所,是孩子接受系统教育和社会化训练的主要环境。学校教育的质量和特性,直接影响孩子的学习成果和人生发展。老师通过课堂教导和言行举止,帮助孩子学习知识和技能,形成学习习惯和学习态度。因此,学校在人工智能教育中扮演着重要角色。

再次,社区是孩子的生活环境,是孩子参加社会活动和实践生活技能的场所。社区教育的质量和特性,影响孩子的社会适应能力和社会参与度。社区的活动和资源,可以帮助孩子扩大视野,提高实践能力,培养社会责任感。因此,社区在人工智能教育中也不可忽视。

综上所述,家庭、学校和社区三者在孩子的教育和成长过程中各有独特的作用和影响。只有三者紧密合作和共同育人,才能最大限度地促进孩子的全面发展。特别是在人工智能教育中,这种合作的重要性更是显而易见。

6.3.2 家庭、学校和社区共同育人的合作方式

面对人工智能教育的挑战和机遇,家庭、学校、社区三者要紧密合作,以达到最佳的教育效果。这种合作可以有多种形式,具体可以分为以下几种方式。

首先,家庭、学校和社区合作。这是最基本也是最重要的合作方式。家长和老师需要定期沟通,了解孩子在家庭和学校的学习和生活状况,制定合适的教育方案和策略。家长可以参加学校的教育活动,如家长会、学校开放日活动等,进一步了解学校的教育理念和教学方式。同时,老师也可以通过家访、电话沟通等方式,了解家庭的教育需求和期望,为孩子提供个性化的教育服务。

其次,学校和社区合作。学校可以与社区的企业单位、科研机构、非营利组织等合作,为学生提供丰富的实践项目和实习机会。这种合作不仅可以为学生提供接触和使用人工智能技术的机会,还可以为学生提供了解社会、参与社会、服务社会的机会。同时,社区也可以参与学校的教育活动,如职业介绍、科技展览等,进一步丰富学生的学习体验,开阔学生的视野。

再次,家庭和社区合作。家庭和社区合作的方式多种多样。例如,家庭可以参与社区组织的亲子活动、文化讲座和志愿服务等,让孩子在互动中学习和成长。同时,社区也可以为家庭提供教育资源,如图书馆、少年宫等公共设施,为孩子的学习和发展提供便利;也可以组织家庭日活动、社区活动等,进一步丰富孩子的生活体验。此外,企业单位和非营利组织也可以发挥自身优势,为家庭和社区提供教育支持,如开展职业体验活动、社会实践和公益活动等,帮助孩子了解社会、拓宽视野。

6.3.3 家庭对中小学人工智能教育的支持方式

当我们谈论家庭对中小学人工智能教育的支持时,有几个方面可以考虑:

(1)提供设备和环境。家庭可以为孩子提供必要的学习设备,如电脑、平板等学习工具以及良好的学习环境,使他们能够顺利学习人工智能。同时,家长也应保证孩子有足够的上网时间,但又要避免孩子过度依赖电子设备而影响健康。

(2)关注孩子的兴趣。家长应当关注孩子的兴趣,引导他们对人工智能科技产生好奇心和兴趣。如果条件允许,家长可以陪孩子一起学习,共同探索这

个领域的奥秘。

（3）分享经验和知识。一些有相关背景或经验的家长，可以直接给孩子讲解人工智能的相关知识，或者分享他们的职业经验。这对孩子来说，是非常宝贵的学习资源。

6.3.4　社区对中小学人工智能教育的支持方式

社区对中小学人工智能教育的支持，主要表现在以下几个方面：

（1）提供实践场地。社区可以通过与企业合作、举办社区活动等形式，给孩子们提供更多的实践机会。比如，可以组织编程比赛，邀请企业家来给孩子们讲解他们是如何运用人工智能解决实际问题的。

（2）引进人才和技术。社区可以引进相关领域的专业人才，为孩子们做专题讲座，甚至开设培训班，帮助孩子们提高技术水平。

（3）改造公共设施。社区可以在图书馆、社区中心等公共场所，设置人工智能学习角，提供学习资源，使孩子们在课外时间也能学习和实践。

6.3.5　家庭、学校、社区三方联动

我们强调的是家庭、学校、社区三方合作，而这种合作的实现，需要各方共同努力。

（1）家校协同。家校协同是一种重要的教育模式，旨在加强家庭与学校之间的紧密联系，共同促进孩子的全面发展。定期召开家长会是家校协同的重要形式之一。老师们通过家长会向家长们讲解学校的教育理念、教育目标以及教育教学方法，有助于增强家校之间的理解与信任，形成教育合力。这有助于家长们更加深入地了解学校的教育体系和育人方向，从而更加积极地配合学校的教育工作。同时，老师们还可以分享一些成功的教育案例和经验，让家长们看到学校教育的成果和进步。家长也可以把孩子在家中的学习情况反馈给老师，以便学校针对孩子的实际情况提供个性化的教学服务。

（2）家社协同。家庭是孩子成长的摇篮，对孩子的性格塑造、习惯养成以及价值观形成起着至关重要的作用。社区则是一个汇聚各种资源的平台，为孩子的成长提供了广阔的空间和诸多的机会。家长可以把社区的资源引入家庭教育中，比如利用社区图书馆的资源，参与社区举办的科技活动。同时，家长也可

以把家庭教育的需求反馈给社区,以便社区为家庭提供更大的支持。家社协同可以充分利用家庭和社区各自的优势,弥补彼此的不足,为孩子的成长创造更好的条件。

(3)校社协同。学校可以与社区的企业、研究机构等建立合作关系,共同开展科研项目和学术活动。研究机构拥有先进的科研设备和专业的科研团队,可以为学校提供技术支持和智力支持,也可以为学生提供实习、研究等实践机会。学校则可以利用自身的学科优势和人才资源,与研究机构共同开展科研合作,推动科研成果的转化和应用。校社协同是一种非常有益的教育模式,通过学校与社区企业、研究机构等的合作,可以为学生提供更加广阔的学习和发展空间,促进学校与社会的深度融合和共同发展。

6.3.6 家庭、学校、社区协同育人的具体策略

我们可以采取以下策略实现家庭、学校、社区协同育人的过程:

(1)建立定期的家校联系机制。定期举行家长会,让家长了解学校的人工智能教育情况。同时,家长也可以向教师反馈孩子在家中的学习状况,让教师知道学生的学习需求,有针对性地解决学生的困难。此外,学校也可以通过电子邮件、社交媒体等渠道,让家长随时了解学校的最新动态。

(2)举办社区活动,推动学校、家庭、社区的互动。可以举办科技节、编程比赛等活动,让家长和社区居民了解学校的教学成果。在社区活动中,学生有机会展示自己的才华,拓宽自己的视野和知识面。他们可以参与各种有趣的项目和竞赛,锻炼自己的创新思维和团队协作能力;还可以通过参加志愿服务活动,培养自己的社会责任感和公民意识。

(3)引入社区的专业人才。例如,可以邀请在人工智能领域工作的社区居民,来学校给学生讲解人工智能的实际应用,或者指导学生的实践项目,可以让学生更加直观地了解这个领域的最新发展动态和实际应用情况。专业人才通常具有丰富的实践经验和深厚的专业知识,他们的讲解不仅可以帮助学生理解抽象的理论知识,还可以让他们看到人工智能在现实生活中的应用场景,从而增强学习的针对性和实用性。

(4)利用社区的公共设施。学校可以与社区图书馆等单位合作,让学生在课余时间也有机会获取有关人工智能的学习资源。社区图书馆通常拥有丰富

的图书和多媒体资源,包括人工智能领域的专业书籍、杂志和在线课程。通过与图书馆合作,学校可以定期组织借阅活动或开设专门的阅读角,让学生在课余时间自由借阅相关书籍,深入学习人工智能的理论知识。此外,图书馆还可以举办人工智能主题讲座或研讨会,邀请专家进行分享,为学生提供与专业人士交流的机会。

6.3.7　家庭、学校、社区协同育人的挑战和解决办法

在家庭、学校、社区协同育人的过程中,可能会面临以下挑战:

(1)家长的参与度不高。有些家长可能因为工作忙,无法参与到孩子的学习中。对此,学校可以通过调整家长会的时间、形式,尽量降低家长的参与门槛。同时,学校也可以设立专门的家长咨询窗口,为家长提供个性化的指导和帮助,还可以通过线上平台等为家长提供灵活多样的参与途径,让家长可以在任何时间、任何地点,了解到学校的最新动态,参与到孩子的学习中。

(2)社区资源利用不充分。有些学校可能不知道如何与社区的企业、研究机构等进行合作,或者不知道如何利用社区的公共设施。对此,学校可以向有经验的学校学习,或者请教专业的教育顾问,找到适合自己的合作模式。学校也可以设立专门的对外合作部门,由专人负责与社区的企业和研究机构进行对接。通过定期举行交流会议、座谈会等形式,双方更了解彼此的需求和资源情况,从而找到合作的切入点。

(3)家庭、学校、社区的教育理念不一致。三方的教育理念不一致,可能会影响到合作的效果。三方需要通过沟通、讨论,寻求共识,并采取一系列措施来协调理念差异,如加强沟通和理解,找到共同的教育目标,制定统一的教育计划,建立有效的反馈机制,确保协同育人的顺利进行。通过这些措施的实施,三方可以逐步缩小理念差异,提高合作效果,为孩子的全面发展创造更好的环境。

在我们深入探讨如何在家庭、学校和社区之间建立和维持有效的协作关系,如何协调和整合资源,以及如何评估协同育人的效果等问题时,实践的策略和方法至关重要。我们需要在现实生活中寻找解决方案,同时也要探讨现有解决方案的优点和缺点,并提出可能的改进建议。针对这些问题,我认为可以从以下几个角度进行探讨。

首先,为了建立和维持家庭、学校和社区之间的有效协作关系,我们可以采

取以下策略：

1）树立共同的教育目标。家庭、学校和社区需要一起开展工作，树立共同的教育目标，这可以通过定期举办会议、研讨会等形式进行。

2）建立有效的沟通渠道。为了实现有效的协作，我们需要有便捷的沟通渠道，可以使用现代通信工具如社交媒体、电子邮件、微信群等。同时，面对面的交流也很重要。

然而，我们也需要注意，家庭、学校和社区在一起开展工作时可能会出现利益不一致、沟通困难等问题。因此，我们要倡导开放、透明、公正的原则，解决可能出现的冲突。

其次，在协调和整合资源方面，我们可以采取以下策略：

1）建立资源共享平台。可以建立一个在线的资源共享平台，让家庭、学校和社区可以上传和下载有用的教学资源。

2）建立合作项目。比如，让专业的社区志愿者进学校教学，组织学生走出校园，到社区参加实践活动等。

但是，整合资源时可能会面临资源分布不平衡、使用效率低等问题，我们需要通过科学的管理，有效分配和使用资源。

再次，在评估协同育人的效果方面，我们可以采取以下策略：

1）建立评估体系，即建立一个包含学生学习成绩、学习态度、学习表现和教育活动满意度等多方面的评估体系。

2）定期反馈，即定期把评估结果反馈给家庭、学校和社区，以便他们根据现在的情况进行调整。

然而，评估的过程中可能会面临数据收集困难、评估结果不够准确等问题。因此，我们需要确保数据的准确性和评估的公正性。

6.3.8　家庭、学校、社区协同育人的效果评估

为了确保家庭、学校、社区协同育人的效果，我们需要对其进行有效的评估。以下是一些可以利用的评估方式：

（1）学生的学习效果评估。教师可以从考试、作业、项目等方面，评估学生对人工智能知识和技能的掌握情况；还可以观察学生的兴趣和态度的变化，了解他们对人工智能学习的态度。

（2）家长满意度调查。学校可以定期对家长进行满意度调查，了解他们对学校教育的满意度以及他们对家庭教育的需求和期望。

（3）社区合作效果评估。学校可以通过查看学校与社区合作的次数、活动的参与度等数据，评估学校与社区合作的效果；也可以收集社区居民的反馈意见，了解他们对学校的看法和期望。

6.3.9　家庭、学校、社区协同育人的发展趋势

随着信息技术的快速发展，家庭、学校、社区协同育人可能会出现以下发展趋势：

（1）家庭教育的个性化。随着互联网和人工智能技术的发展，家长可以通过在线平台，获取更多的个性化教育资源，满足孩子的个性化学习需求。

（2）学校教育的开放化。未来学校不再是封闭的教育空间，而是与社区、家庭紧密联系的开放空间。学校可以利用社区的资源，开展更丰富、更有效的教学活动。

（3）社区资源的共享化。社区可以通过互联网平台，共享教育资源，如专业人才、学习空间等，让更多的学生和家长受益。

在协调和整合资源方面，我认为需要从以下几个方面考虑：

①人力资源。学校的教师是专业的教育工作者，具有深厚的人工智能理论基础和丰富的实践经验，可以在教学中引导孩子探索和学习人工智能。父母是孩子的第一任教师，对孩子的性格和兴趣有深入的了解，可以在日常生活中更有效地引导和鼓励孩子学习人工智能。社区工作者和志愿者也可以参与到人工智能教育中，他们可以帮助学校和社区组织开展实践活动。

②物质资源。学校、家庭和社区都可以提供物质资源。学校可以提供教室、实验室和设备，家庭可以提供家庭作业和实践项目的场所，社区则可以提供活动场所和社会资源。

③信息资源。学校可以提供教学大纲和材料，家庭可以提供孩子的学习记录和反馈意见，社区则可以提供活动信息和社区资源信息。

在评估协同育人的效果方面，我认为可以从以下几个方面进行：

①学生的学习成绩。通过考试和评估，教师和家长可以了解孩子对人工智能知识和技能的掌握程度。

②学生的学习态度和兴趣。通过观察和问卷调查,教师和家长可以了解孩子对人工智能的兴趣和态度,以及他们的学习动机和自我效能感。

③教育活动的参与度和满意度。通过统计和反馈,我们可以了解家长、教师和社区工作者对教育活动的参与度和满意度。

6.3.10　家庭、学校、社区协同育人的实践案例

在理论分析的基础上,我们来看几个家庭、学校、社区协同育人的实践案例。

案例一:某中学与当地的科技公司进行合作,组织学生参观公司的人工智能实验室,由公司的工程师向学生介绍人工智能的应用情况。同时,学校邀请家长参加了这次活动,让他们了解人工智能的发展趋势和就业前景。这样的活动,不仅增加了学生的实践经验,也让家长更了解学校的教学情况和人工智能的实际应用情况。

案例二:有一所中学利用社区的公共图书馆,为学生提供更多的人工智能学习资源。学校的教师会在图书馆上公开课,社区居民和家长都可以参加。这样的活动,不仅激发了学生学习的兴趣,也加强了学校与社区的联系。

案例三:在××中学,家长会定期参加学校的教学活动。例如,学校会邀请在人工智能领域工作的家长,来学校分享他们的专业经验。这样的活动,不仅提高了家长对学校教育的信任度,也让学生了解到人工智能的实际应用情况。

6.3.11　家庭、学校、社区协同育人的政策性建议

在推动家庭、学校、社区协同育人的实践中,政策的引导和支持是非常关键的。以下是一些可供参考的政策性建议:

(1)加强教育信息化建设。政府应该投资建设教育信息化设施,提供更多的线上教育资源,让更多的家庭和学校利用这些资源进行教学。

(2)鼓励学校与社区合作。政府可以通过政策引导、项目支持等方式,鼓励

学校与社区进行合作,利用学校和社区的资源,开展更丰富、更有针对性的教学活动。

(3)提供专业培训和指导。政府应该为家长、教师提供人工智能教育专业培训和指导,提升他们的教育水平和技能。

(4)建立家庭、学校、社区协同育人的评估体系。政府应该建立一个科学有效的评估体系,定期评估家庭、学校、社区协同育人的效果,以便于调整政策、优化实践。

6.3.12 对家庭、学校、社区协同育人的展望

家庭、学校、社区协同育人作为一种新的教育模式,已经在一些地方取得了显著的效果。但这仍是一个正在发展的领域,有许多新的机会等我们去发现,也有很多困难等我们去解决。以下是对家庭、学校、社区协同育人的展望:

(1)技术的发展将进一步促进家庭、学校、社区协同育人。例如,通过大数据分析,我们可以更好地理解学生的学习需求和特点,进行个性化的教学。通过云计算和人工智能技术,我们可以创造更丰富、更适用的教学资源。

(2)家庭、学校、社区协同育人的范围将不断扩大。除了学校和家庭,企业、非政府组织、科研机构等也可以参与到协同育人的过程中,提供更多元、更高质量的教育资源。

(3)家庭、学校、社区协同育人将更加注重学生的全面发展。未来的教育不仅仅关注学生的学业成绩,更注重学生的身心健康以及知识技能、创新思维等方面的发展。

(4)家庭、学校、社区协同育人的模式将不断创新。我们需要不断探索新的教育模式,适应社会的变化,满足学生的多元化需求。

在家庭教育中,父母可以与孩子一同参与项目,探索智能设备的运作奥秘,激发孩子的兴趣和好奇心。家庭环境的支持和鼓励将有助于孩子自信地探索人工智能的奥秘,培养创新思维和解决问题的能力。

第7章 学校与企业和研究机构合作

7.1 合作的重要性

21世纪,人工智能技术的迅速发展正在深刻改变我们的世界,包括教育领域。对于中小学生来说,掌握人工智能的相关知识和技能变得越来越重要。学校与企业、研究机构合作,在此背景下显得尤为关键。合作的主要目的包括实现资源共享、提供实践经验、了解行业趋势、引入创新教育理念和履行社会责任等。企业和研究机构合作不仅能提高教育质量,也能够帮助学校适应时代的变化,为学生提供更好的学习资源和机会。

7.1.1 实现资源共享

企业和研究机构通常拥有先进的技术、设备和强大的专家团队。通过与这些机构合作,学校可以获得这些宝贵的资源,为学生提供更高质量的教育。例如,企业可能拥有最新的人工智能硬件和软件,而学校可以利用这些资源为学生提供实践机会。

7.1.2 提供实践经验

学校与企业和研究机构合作,可以为学生提供真实的项目和研究经验。这不仅可以帮助学生将所学知识应用于实际情境,还可以培养他们的团队合作精神和问题解决能力。例如,学生可以参与企业的项目,或者跟随研究机构的专家一起学习和研究。

7.1.3 了解行业趋势

企业和研究机构对行业足够了解,可以帮助学校及时调整教学内容,确保教育内容与行业需求保持同步。这不仅可以为学生提供最新的知识,还可以帮助他们更好地为未来的职业生涯做准备。

7.1.4 引入创新教育理念

传统的教育方法可能无法满足人工智能教育的需求。与企业和研究机构合作可以为学校带来新的教育理念和方法,企业和研究机构可以帮助学校培养学生的创新思维和能力。

7.1.5 履行社会责任

企业和研究机构也有社会责任,可以通过与学校合作为社会做贡献。这不仅可以树立企业和研究机构的良好社会形象,还可以为企业和研究机构带来长远的利益,如培养未来的员工和研究者。

综上所述,学校与企业和研究机构合作对于中小学人工智能教育的发展具有重要意义,不仅可以为学生提供更好的学习资源和机会,还可以帮助学校提高教育质量,适应时代的变化。

7.2 合作模式

随着人工智能技术的发展和普及,学校与企业和研究机构合作变得越来越重要。为了确保合作成功,双方需要选择合适的合作模式。以下是一些常见的合作模式。

7.2.1 项目合作

这是一种学校与企业和研究机构共同开展特定研究或开发项目的合作模式。

在这种模式下,学生可以直接参与到项目中,与企业和研究机构的专家一起工作,获得实践经验。企业和研究机构提供必要的技术支持和资源。

这种合作模式可以为学生提供真实的工作环境,帮助他们更好地理解和应用所学知识。企业和研究机构也可以获得新的研究成果或生产出新的产品。

7.2.2 提供实习机会

企业和研究机构可以为学生提供实习的机会。学生可以在真实的工作环境中学习和成长,获得实际的工作经验。

这种合作模式可以帮助学生更好地了解行业的实际情况,为他们未来的职业生涯做好准备;企业和研究机构也可以从中选拔有潜力的学生,为未来的招聘做好准备。

如红岭教育集团与陕西师范大学、深圳大学等高校保持良好的合作关系,这些高校每年都会派本科生到校实习。

7.2.3　举办讲座和研讨会

这是一种企业和研究机构的专家到学校举办讲座或研讨会的合作模式。企业和研究机构的专家可以分享他们的知识和经验,为学生提供最新的行业信息。

这种合作模式可以为学生提供更丰富的学习资源,帮助他们更好地了解行业的发展趋势和前沿技术。

综上所述,学校与企业和研究机构合作的模式有很多种,每种模式都有特点和优势。选择合适的合作模式可以为学生提供更好的学习机会,同时也可以帮助学校提高教育质量。

7.3　合作案例

在实际的教育实践中,许多学校已经与企业或研究机构建立了紧密的合作关系。目前在笔者的主导下,红岭中学已经与深圳市科学馆、中国科学院深圳先进技术研究院、深圳市教育学会教育信息化与人工智能专业委员会、深圳市计算机学会、深圳市大湾科普教育研究院、深圳市科普志愿者协会、深圳市宇航科普协会、深圳大学、腾讯等机构联合开展相关科普活动,比如课程开发、专家讲座、竞赛开展与指导等,取得了良好的效果。

以下是一些具体的合作案例,展示了学校如何与外部资源合作,为学生提供更好的学习机会。

智能机器人教学研究项目

合作背景:

随着人工智能技术的迅猛发展,机器人技术已经成为当下最受关注的领域之一。为了培养学生的创新思维和实践能力,2016 年 12 月 14 日,在深圳市教育发展基金会、深圳市教育科学研究院、深圳市福田区教育局等领导部门的指导下，皇岗中学决定与一家知名的机器人研发公司（创首国际）进行合作，共建深圳市 VEX 创客教育联合实验室，共同开展一个智能机器人教学研究项目。

合作目标：

1.为学生提供实际的研发经验，帮助他们掌握机器人技术的基础知识。

2.研发一款适用于中学教育的智能机器人，为学生提供更多的学习机会。

3.开发适合中学生使用的机器人课程，提升学生的创新素养。

合作内容：

1.项目启动：学校与公司共同确定了项目的目标和计划（图7.1），确保双方都清楚合作的内容和要求。

2.技术培训：公司为学生提供了机器人技术的基础培训，包括机器人的结构、工作原理和编程技巧。

3.设计与开发：在公司专家的指导下，学生参与到机器人的设计和开发中。他们首先确定了机器人的功能和外观设计，然后进行编程和测试。

4.项目展示：项目完成后，学生在学校举办了一场项目展示会，向其他学生和教师展示他们研发的机器人。

合作成果：

1.学生有收获：学生不仅掌握了机器人技术的基础知识，还获得了实际的研发经验。他们学会了如何将所学知识应用于实际项目中，培养了团队合作精神和创新思维能力。

2.研发了机器人：该项目成功研发了一款适用于中学教育的智能机器人。这款机器人不仅可以为学生提供编程和操作的实践机会，还可以作为教学辅助工具，帮助教师进行教学。

3.开发了机器人课程：李貌工作室团队成功开发了适合学生使用的机器人课程。机器人课程在团队成员学校应用，提升了学生的动手能力、编程能力和团队协作能力。课程实施效果显著，参与学习的学生在各级机器人竞赛中屡获大奖。

4.学校与公司长期合作：此次成功的合作，使学校与公司建立了长期的合作关系。双方计划在未来继续开展更多的合作项目，为学生提供更多的学习机会。

图 7.1   笔者在合作揭牌仪式上做工作规划

大数据分析实习项目

合作背景:

在数字化时代,大数据技术已经成为企业和研究机构的核心竞争力。为了帮助学生更好地掌握这一技术,福田区某中学决定与一家专业从事大数据分析的公司进行合作,为学生提供实习机会。

合作目标:

让学生了解大数据技术的基础知识和应用。为学生提供真实的工作环境,帮助他们获得实际的工作经验。

合作内容:

实习前培训:在实习开始前,公司为学生提供了大数据技术的基础培训,包括数据采集、数据处理、数据分析和数据可视化等内容。

实际工作:学生在公司的指导下,参与到真实的大数据分析项目中。学生首先学习如何使用先进的数据分析工具,然后参与到数据的采集、处理和分析工作中。

项目汇报:实习结束后,学生需要对自己在实习期间的工作进行汇报,展示自己的成果和收获。

反馈与评价:公司对学生的工作进行评价,为他们提供反馈,帮助他们找到自己的不足和努力的方向。

合作成果：

学生有收获：学生不仅掌握了大数据技术的基础知识，还获得了真实的工作经验。他们学会了如何在实际工作中应用所学知识，培养了分析思维能力和解决问题的能力。

公司储备了人才：公司通过这种合作，发现了一批有潜力的学生。部分表现优秀的学生还获得了正式进入公司工作的机会。

长期合作：此次成功的合作，使学校与公司建立了长期的合作关系。双方计划继续开展合作，为学生提供更多的学习和实践机会。

虚拟现实教育研讨会

合作背景：

随着技术的进步，虚拟现实技术(VR)已经从游戏和娱乐领域扩展到了教育领域。为了探索虚拟现实技术在教育中的应用可能性，福田区某高中决定与一家专业从事虚拟现实技术研发的公司共同举办一次研讨会。

合作目标：

1.了解虚拟现实技术的最新发展动态和在教育中的应用案例。

2.探讨如何将虚拟现实技术整合到小学教育中，为学生提供更丰富的学习体验。

合作内容：

1.研讨会筹备：学校与公司共同确定了研讨会的主题、日程和邀请的嘉宾。

2.技术展示：公司为参会者展示了最新的虚拟现实技术和产品，包括虚拟现实头盔、手套和相关的教育应用。

3.经验分享：公司的专家分享了他们在虚拟现实教育领域的研究成果和应用案例，包括虚拟现实技术在地理、历史和科学教育中的应用。

4.互动体验：参会者有机会亲自体验虚拟现实教育应用，了解虚拟现实技术在教育中的实际效果。

5.讨论与反馈：研讨会的最后，参会者进行了小组讨论，分享了自己的观点和建议，探讨了如何更好地将虚拟现实技术应用于小学教育。

合作成果：

1.教师和学生的收获：学校的教师和学生都对虚拟现实技术有了更深入的了

解。部分教师还尝试将该技术应用到教学中,为学生提供了沉浸式的学习体验。

2.公司的收获:公司通过这次研讨会,了解了教育领域的需求和问题。这些需求和问题为公司后续的产品研发和市场推广提供了宝贵的反馈意见。

3.长期合作:此次成功的合作,使学校与公司建立了长期的合作关系。双方计划在未来继续开展合作,探索虚拟现实技术在教育中的更多可能性。

7.4　建立和维护合作关系

在当前的教育环境中,学校与企业和研究机构的合作已经成为一种趋势。要确保合作成功,学校就需要建立和维护与合作伙伴的关系。

建立合作关系的关键步骤主要有五个:

1.明确合作框架。在合作开始前,学校需要与合作伙伴明确合作的目标、责任和期望。这可以通过签署合作协议或备忘录来实现,确保双方都清楚合作的内容和要求。

2.定期沟通。为了确保合作顺利,学校需要与合作伙伴定期沟通。双方可以就合作的进展情况进行沟通和交流,及时解决合作中出现的问题。定期举办的沟通会议或工作坊可以作为沟通的平台。

3.互相尊重。在合作中,双方都需要互相尊重对方的意见和建议。这不仅可以确保合作关系的稳定,还可以增强双方的信任感和合作意愿。

4.持续评估与反馈。学校需要定期评估合作的效果,为合作伙伴提供反馈意见。这可以帮助双方了解合作的成果,找到合作中的不足,及时进行调整。

5.共同培训与学习。为了增进合作关系,学校和合作伙伴可以共同组织培训和学习活动。这不仅可以增强双方的合作能力,还可以为双方提供更多的学习机会。

合作关系的长期维护需要做到以下三点:

1.共同规划。学校和合作伙伴可以共同规划未来的合作项目,确定合作的长期目标和合作策略。

2.共同投资。为了确保合作成功,双方可以共同投资合作项目,共担合作的风险,共享合作的回报。

3.共同创新。学校和合作伙伴可以共同开展研究和创新活动,探索合作的新领域,寻找新的合作机会。

通过这些措施,学校可以建立和维护与企业和研究机构的长期合作关系,最大限度地确保合作成功。

7.5 合作的回报

在学校与企业和研究机构合作时,学校和学生能够获得丰富的资源和实践机会,企业和研究机构也期望从中获得一定的回报。这些回报不仅包括经济利益,还包括品牌推广、人才培养和研究成果等多个方面。

合作的回报主要表现在五个方面:

1. 品牌推广。通过与学校合作,企业和研究机构可以在学校和学生中推广品牌和技术,提高其在行业中的知名度和影响力。

2. 人才培养。企业和研究机构可以通过合作,发现和培养有潜力的学生。这些学生在合作项目中展现了才华和潜力,可能成为企业和研究机构未来的技术骨干。

3. 研究成果。企业和研究机构可以通过与学校合作,获得研究成果和技术创新。学校的教师和学生可能会提出新的研究方向和技术解决方案,为企业和研究机构带来新的发展机会。

4. 市场测试。企业和研究机构可以将新产品或技术引入学校,进行市场测试。学校教师和学生的反馈意见可以帮助他们了解市场的需求,进而优化产品和技术。

5. 社会责任。通过与学校合作,企业和研究机构可以更好地履行社会责任,为社会提供教育和技术支持。这不仅可以帮助企业和研究机构树立良好的社会形象,还可以为其带来长期的经济回报。

如何确保双方都能获得回报呢? 双方需要做到以下三点:

1. 明确合作协议。在合作开始前,双方需要签署合作协议,明确双方的权利和义务,确保双方都能获得合理的回报。

2. 定期评估。双方需要定期评估合作的效果,确保合作的目标和期望都能实现。

3. 持续沟通。双方需要持续沟通,了解合作的进展情况,及时调整合作策略,确保双方都能获得满意的回报。

7.6   确保合作的效果

学校与企业或研究机构合作,首先是为了给学生提供更多的学习和实践机会,其次是为了推动学校教育的创新和发展。但合作成功并不是必然的,双方需要共同努力,才有可能确保合作达到预期的效果。

如何确保合作达到预期的效果? 双方需要做到以下六点:

1. 明确合作目标。在合作开始前,双方需要明确合作的目标。这可以帮助双方更好地了解和满足对方的需求,确保合作的方向和内容都是正确的。

2. 建立评估机制。双方需要建立评估机制,定期评估合作的效果,包括学生的学习成果、合作项目的进展和双方的满意度等方面。

3. 持续沟通与反馈。双方需要持续沟通,了解合作的进展情况,并积极反馈合作的问题。这可以帮助双方及时了解合作中的难点,及时进行调整和优化。

4. 共同培训与学习。为了确保合作达到预期的效果,双方可以共同组织培训和学习活动,增强合作能力,获得更多共同切磋的机会。

5. 互相尊重与支持。在合作中,双方要互相尊重和支持。这不仅可以增进双方的合作关系,还可以确保合作的稳定和长久。

6. 共同解决问题。合作中可能会出现各种问题和挑战,双方需要共同面对和解决。双方都要有解决问题的意愿和能力,合作才不会受到影响。

长期合作对学校、学生及企业和研究机构都有好处:

1. 学生得以成长:学校与企业和研究机构合作,可以让学生获得更多的学习资源和实践机会,更好地掌握知识和技能,为未来的职业生涯做好准备。

2. 学校获得发展:合作可以为学校带来新的教育资源和方法,推动学校教育创新和发展。

3. 企业和研究机构获得回报:通过与学校合作,企业和研究机构可以在品牌推广、人才培养和研究成果等方面获得回报。

7.7   整合外部资源

在人工智能教育发展的过程中,学校往往面临资源不足的问题。为了提供更高质量的教育,学校需要寻找和整合外部资源。这些资源包括技术、资金、人才和设备等多个方面。

整合外部资源的步骤如下：

1. 明确需求。学校需要明确自己的教育需求和目标，了解自己缺少哪些资源，才能有针对性地寻找和整合外部资源。

2. 寻找合作伙伴。学校可以寻找与自己的教育目标相符的企业或研究机构，与之建立合作关系。这些合作伙伴可以为学校提供所需的技术、资金和人才支持。

3. 签署合作协议。为了确保合作顺利，学校和合作伙伴需要签署合作协议，明确双方的权利和义务。

4. 共同规划和执行。学校和合作伙伴需要共同规划和开展合作项目，确保资源的有效利用。

5. 持续评估和反馈。学校需要持续评估合作的效果，为合作伙伴提供反馈意见，确保资源的有效整合。

7.8 外部资源整合案例

案例一： 2021 年 12 月 29 日，红岭中学与腾讯青少年科技学习中心签订战略合作协议签约仪式举行。双方围绕能够代表未来科技方向的人工智能主题，发挥优势，整合各方资源，共同为青少年人工智能教学的实践做出前沿模式的探索。（来源：福田教育网）

在开展合作的两年时间内，腾讯公司与笔者所带教学团队（图 7.2）共同开发人工智能课程，并在学校开设人工智能课程。学校利用科技节这一平台，开

图 7.2　2023 年 8 月，笔者带队参加腾讯 Mini 鹅 × AI 创想家暑期创想营活动

展 AI 创想家竞赛,并选拔优秀的同学参加全国中小学信息技术创新与实践大赛,腾讯公司举办了 AI 夏令营活动:双方共同培养了很多优秀的学生。

案例二:2023 年 6 月 16—17 日,深圳市学生创客节教师创客马拉松竞赛活动(图 7.3)在深圳市格致中学举办。此次竞赛要求参赛人员围绕竞赛主题,发现真实的场景问题,设计可实践的解决方案,借助开源硬件、传感器、编程平台、激光切割机以及 3D 打印机等工具,通过团队合作的方式,设计制作出一个能解决实际问题的作品,并进行现场交流展示。本次竞赛设有传承与创新和文化与科技共舞、物联世界智造万物、太空畅想三个主题。

在深圳市学生创客节教师创客马拉松竞赛活动开始前,教师参加了培训,亲自参与作品设计、制作与展示,提高了人工智能教育教学能力和教学质量。

图 7.3　笔者(右一)所带团队(左一至右二分别是秦禄迪、蔡笑天、沈铭铭)在展示现场
制作的作品

7.9　合作的问题及应对策略

学校与企业、研究机构合作时,可能会遇到各种问题,如沟通困难、资源分配不均、合作目标不一致等。

各类问题的具体应对策略如下:

1.沟通困难:学校和企业、研究机构有不同的工作方式和文化,这可能导致双方沟通困难。为了解决这个问题,双方需要建立有效的沟通机制,保持沟通渠道畅通,定期分享信息和反馈,及时解决问题,同时强化合作文化和合作目标,为实现共赢而努力。

2.资源分配不均:在合作中,双方可能对资源的分配有不同的期望。为了避免出现资源分配不均的问题,双方需要在合作开始前明确资源的分配方式,制定公平的分配机制,保持沟通渠道开放、透明,建立监督和调解机制,共同参与资源管理和分配,确保资源分配合理。

3.合作目标不一致:学校和企业、研究机构可能有不同的目标,这可能导致合作困难。为了解决这个问题,双方需要在合作开始前明确合作目标,尽可能确保双方的需求都能得到满足。

4.技术和知识的差距:学校和企业、研究机构可能在技术和知识上有差距,这可能影响合作的效果。为了缩小技术和知识上的差距,双方可以共同组织培训和学习活动,参与研发项目,定期举办学术交流会、研讨会和讲座,分享最新的研究成果和技术信息,提高技术和知识水平。

5.合作关系的维护:在长期的合作中,可能会出现各种问题和挑战,这可能影响合作关系的稳定。为了维护良好的合作关系,双方需要频繁地沟通,及时了解对方的期望、需求和问题。当出现分歧时,应寻找双方都能接受的解决方案,采用建设性的方式来解决冲突,避免分歧变大。在合作取得成功时,与合作伙伴共享成果,这会增强双方继续合作的意愿。

7.10　提高合作质量的建议

提高合作质量,对学校与企业、研究机构都至关重要。合作可以促进知识转移、技术创新、人才培养和合作双方的发展,能够推动学校教育的创新和发展,给学生提供更多的学习和实践机会。因此,提高合作质量非常重要。

提高合作质量可以采取以下策略:

1.明确合作目标。在合作开始前,双方需要明确合作目标,对合作目标有清晰的认识。

2.建立有效的沟通机制。双方需要建立有效的沟通机制,创造和培育良好的沟通氛围,提供多样化的沟通方式和渠道,确保沟通的时效性,及时解决问题,了解和重视对方的需求和期望,提高合作的效率和效果。

3.公平分配资源。在合作中,双方需要公平地分配资源,共同参与资源管理,解决资源分配问题,确保双方都能获得公平的回报,增进双方的合作关系。

4.共同学习和成长。双方可以共同组织培训和学习活动,更新知识和理念,学习最新技术,掌握前沿动态,提高技术和知识水平。这不仅可以提升合作的效果,还可以增强双方的合作能力。

5.持续评估和反馈。双方需要持续评估合作的效果,为对方提供反馈,及时调整合作策略。这可以帮助双方及时了解合作的效果,提高合作的质量。

在人工智能教育中,学校与企业、研究机构合作,主要是为了实现资源共享,而有效的资源共享有赖于企业、研究机构和学校紧密合作和沟通。企业、研究机构可以定期为学校提供培训和技术支持,而学校可以将企业、研究机构的专家纳入教育顾问团队,共同制定教学计划、设计课程内容。

第8章　中小学人工智能创新人才评价

8.1　评价的重要性和目的

在中小学人工智能教育中,评价是一个至关重要的环节,对教学活动的开展、学生的学习以及教育质量的提升都有影响。本节将深入探讨评价在中小学人工智能教育中的重要性以及评价如何帮助教师了解学生的学习情况,了解学生的知识掌握程度和技能运用能力。同时,我们将讨论评价如何激发学生学习的积极性,以及学生如何通过评价反馈了解自己的学习进度和存在的问题。最后,我们将探讨如何通过评价对教育活动的效果进行检验。

首先,我们需要明确评价在中小学人工智能教育中的重要性。评价是教学过程中的重要环节,它可以帮助教师了解学生的学习情况,了解学生的知识掌握程度和技能运用能力。通过评价,教师可以了解到学生在人工智能学习中的优点和不足,从而对教学过程进行反思和调整,提升教学效果。例如,教师发现学生对某个知识点掌握得不够,就可以有针对性地进行补充教学,帮助学生巩固某一知识点并加深理解。同时,评价也可以帮助教师发现学生的潜在兴趣和才能,从而更好地指导学生学习和发展。

其次,评价可以激发学生学习的积极性。通过评价,学生可以了解自己的学习进度和存在的问题,从而调整学习策略、提高学习效率。例如,如果学生在评价中得到了好的成绩,他们会感到自己的努力得到了回报,从而更努力地学习。反之,如果在评价中发现自己存在问题,他们也会积极寻找解决问题的方法,努力提高自己。这种积极的学习态度是学生在学习过程中不断进步、不断提高的重要保证。

再次,评价是教育质量的保证。通过评价,我们可以对教育活动的效果进行检验,从而保证教育质量。例如,如果发现学生在人工智能学习中成绩一直没有提高,那么教师就需要反思教学方法是否有效,是否需要改进教学方法。只有通过不断的评价和反馈,教师才能不断提高教学质量,实现教学目标。

要实现上述目标,我们就需要在中小学人工智能教育中建立一个全面、科学、公正的评价体系,不仅要评价学生的知识掌握程度,还要关注学生的创新思维和实践能力。我们可以通过观察学生的学习过程,分析学生的学习作品,了解学生的创新思维和实践能力。我们也可以通过组织各种竞赛活动,观察学生的表现,评价学生的创新成果。只有这样,我们才能全面、科学、公正地评价学生的学习情况,培养出适应未来社会的创新人才。

8.2 评价理念的作用

在中小学人工智能教育中,评价理念起着至关重要的作用。它决定了评价的目标和内容,影响教师和学生的行为,强调评价的过程和公正性。

首先,评价理念在决定评价的目标和内容方面起关键作用。在中小学人工智能教育中,评价理念强调不仅要评价学生的知识掌握程度,也要评价学生的创新思维和实践能力。当评价学生使用人工智能工具进行医学诊断的能力时,教师不仅要关注他们的诊断结果,更要关注他们如何利用人工智能工具进行诊断,如何根据诊断结果做出决策。这种评价理念强调过程和结果的重要性,而不仅仅是结果本身。

其次,评价理念也强调评价的过程。在中小学人工智能教育中,评价不仅关注学生最终获得的成果,也关注他们学习的过程,包括他们如何解决问题,如何与他人合作,如何利用人工智能工具进行学习。当评价学生使用机器学习模型来提高健康公平性的能力时,教师不仅要关注机器学习模型的预测结果,也要关注模型的设计和训练过程,以及如何使用模型改善健康公平性。

再次,评价理念还强调评价的公正性。在中小学人工智能教育中,教师应该公正地评价所有学生,不论他们的背景、能力、学习风格是怎样的。当评价人工智能在医学领域的应用时,我们不仅要关注人工智能的技术性能,也要关注人工智能对患者的影响,以及人工智能在不同的医疗环境中的应用是否公正。

评价理念不仅指导我们确定评价的目标和内容,也让我们理解评价的过程和公正性的重要性。因此,我们需要在中小学人工智能教育中建立一个全面、科学、公正的评价体系。

然而,实现这一目标并不容易,我们需要克服许多困难。首先,我们需要确保评价的公正性。我们需要考虑到学生的多样性,包括他们的背景、能力和学习风格。其次,我们需要确保评价的有效性,需要确保评价工具和指标体系能够准确地衡量学生的知识掌握程度和创新思维能力。最后,我们需要确保评价的可行性,需要考虑到教师的评价能力和评价资源的限制。

为了在中小学人工智能教育中实现全面、科学、公正的评价,我们可以从以下几个方面着手:首先,我们需要提高教师的评价能力,通过培训和指导,帮助他们理解评价的理念;其次,我们需要开发和使用有效的评价工具和指标体系,以准确地衡量学生的知识掌握程度和创新思维能力;最后,我们需要利用现代技术,如人工智能和大数据,来改进评价工作,使其更加公正、有效和可行。

8.3 评价工具和指标体系

评价工具是评价体系的重要组成部分,为教师提供了评估学生学习情况的具体方法。评价工具的设计基于明确的评价指标,这些指标包括知识和技能指标、情感态度和价值观指标、创新能力和实践能力指标。这些指标不仅反映了学生的知识掌握程度,也反映了学生的综合素质和能力。

知识和技能指标主要关注学生是否掌握了课程的关键知识点,是否能够熟练运用这些知识解决问题。例如,对于编程课程,知识和技能指标可能包括学生是否理解编程语言的基本语法,是否能够使用编程语言编写简单的程序。

情感态度和价值观指标则关注学生的学习态度和价值观。这些指标包括学生对学习的热情程度、对团队合作的态度以及对课程价值的认同程度。例如,教师可以通过观察学生在课堂讨论中的参与程度以及对作业的态度,来评估这些指标。

创新能力和实践能力指标则着重评价学生的创新思维和实践操作能力。例如,教师可以设计一些开放性的项目,让学生提出解决问题的方案,然后进行实际操作,来评估学生的创新能力和实践能力。

在收集学生学习的数据时,测试题、观察记录、学生作品、自我评价等工具都起到了重要的作用。测试题是最常见的评价工具,直接反映了学生的知识掌握程度。观察记录则可以帮助教师了解学生的学习过程,包括他们的学习态度、合作能力等。学生作品则可以展示学生的实践操作能力和创新思维。自我评价则可以帮助学生反思自己的学习过程,了解自己的优点和不足。

深圳市一些学校的教师在人工智能教育中已经开始使用这些评价工具。例如,他们可能会设计一些编程项目,让学生提出解决问题的方案,然后进行操作。教师会根据学生的项目完成情况,以及他们在完成项目的过程中展现出的合作能力和创新思维,来评估学生的学习情况。此外,教师也会鼓励学生进行自我评价,反思自己的学习过程,了解自己的优点和不足。

综上所述,一个全面、科学、公正的评价体系,不仅需要评价学生的知识掌握程度,还需要评价培养学生的创新思维和实践能力。而建立一个全面、科学、公正的评价体系需要我们设计出合适的评价指标,并利用各种评价工具来收集和分析学生的学习数据。

8.4　评价结果的应用

基于以上研究和讨论,我们可以看到,评价结果的应用在中小学人工智能教育中具有重要的价值。它不仅可以帮助学生了解自己的学习情况,明确自己的优点和不足,从而调整学习策略、提高学习效率,也可以让教师了解学生的学习情况,反思教学过程,调整教学策略,提高教学效果。

首先,评价结果可以帮助学生了解自己的学习情况。通过评价,学生可以了解自己对人工智能知识和技能的掌握程度,找到自己的优点和不足。例如,学生可以通过评价了解自己的编程、机器学习、自然语言处理等能力,以及创新思维和实践能力。这样,学生就可以根据自己的情况调整学习策略,提高学习效率。如果学生在编程方面能力较弱,他们就可以加强这方面的学习;如果在创新思维方面表现出色,他们就可以进一步发挥这一优点,参与更多的创新项目和竞赛。

其次,评价结果可以帮助教师了解学生的学习情况。通过评价,教师可以了解学生的学习进度,掌握学生的知识掌握程度和技能运用能力,从而反思教学过程、调整教学策略、提高教学效果。例如,教师可以通过评价了解学生对人工智能知识和技能的掌握情况以及学生的学习态度和学习习惯,从而有针对性地进行教学。如果发现学生在某一方面能力较弱,教师就可以重点教授这方面的内容;如果发现学生对某一主题特别感兴趣,教师就可以设计相关的项目,激发学生的学习兴趣。

再次,评价结果的应用还可以帮助学校和教育部门了解教育活动的效果,保证教育质量。通过评价,学校和教育部门可以了解学生的学习情况,评估教学活动的效果,从而更好地控制教育质量。例如,学校可以通过评价了解学生在人工智能教育中的表现,评估教师的教学效果。如果学校发现某一课程的教学效果不佳,他们就可以调整课程设计、改进教学方法;如果学校发现某一教师的教学效果特别好,他们就可以让这位教师分享教学经验,提高整体的教学质量。

综上所述,评价结果的应用在中小学人工智能教育中具有重要的价值。因此,我们需要重视评价结果的应用,建立科学、公正、全面的评价体系,以提高中小学人工智能教育的质量和效果。

8.5 全面评估学生的能力和创新成果

在中小学人工智能教育中,全面评估学生的能力和创新成果是一项至关重要的任务。这不仅可以帮助教师了解学生的学习进度,还可以激发学生的学习兴趣,提高他们的学习效率。在这个过程中,我们可以通过观察学生的学习过程,分析他们的学习作品,通过组织各种竞赛活动来评价他们的创新成果。

首先,观察学生的学习过程是评估学生能力的重要手段。在这个过程中,教师可以了解学生的学习习惯,观察他们解决问题的方法,了解他们的思维方式,从而对他们的学习能力进行全面的评估。例如,教师可以通过观察学生在编程课上的表现来了解他们的编程能力,观察他们在人工智能项目中的表现来了解他们的创新能力。

其次,分析学生的作品也是评估学生能力的重要手段。通过分析学生的作品,教师可以了解学生的创新思维,评估他们的创新能力。例如,教师可以通过分析学生的编程作品来了解他们的编程技能,分析他们的人工智能项目来了解他们的创新思维。

再次,通过组织各种竞赛活动,教师可以观察学生的表现,评价他们的创新成果。这种方法不仅可以激发学生的学习兴趣,提高他们的学习效率,还可以提供一个公平公正的评价平台,让所有的学生都有展示自己能力的机会。例如:教师可以通过组织编程竞赛,了解学生的编程能力;通过组织人工智能项目竞赛,了解学生的创新能力。

在深圳市的中小学中,这种评估方法应用广泛。例如,红岭中学的教师们通过观察学生的学习过程,分析他们的学习作品,组织各种竞赛活动,全面评估学生的能力和创新成果。

红岭中学的教师们在教学过程中,会定期观察学生的学习过程,了解他们的学习习惯,观察他们如何解决问题,了解他们的思维方式。此外,红岭中学的教师们还会定期分析学生的学习作品,了解他们的创新思维,评估他们的创新能力。

通过这种全面的评估方法,福田区红岭中学的教师们不仅提高了学生的学习效率,还激发了他们的学习兴趣,提高了他们的创新能力。这种评估方法的成功应用,为深圳市的中小学人工智能教育提供了一个重要的参考。

综上所述,全面评估学生的能力和创新成果,是中小学人工智能教育的重要任务。通过观察学生的学习过程,分析他们的学习作品,以及组织各种竞赛活动,我们可以全面了解学生的学习情况,评估他们的能力和创新成果。

8.6　成功的评价案例和经验

在中小学人工智能教育中,评价学生的能力和创新成果是一项重要的任务,评价方式多种多样。在实践中,有许多学校成功地采取了多种评价方式,并取得了良好的效果。以下是一些成功的评价案例和经验。

首先,深圳市的一些中小学采用了项目式学习的教学模式,并通过组织各种竞赛活动来全面评价学生的知识、技能和创新能力。例如,深圳市福田区的一所中学,组织了一场名为"AI创新挑战赛"的活动。在这次活动中,学生们需要利用他们在课堂上学到的人工智能知识,设计并制作出自己的人工智能项目。学生的项目包括各种各样的创新应用,如智能家居系统、自动驾驶小车等。学校的教师和专家对每个项目进行了评价,考查的方面包括项目的创新性、实用性,以及学生在项目制作过程中展现出的团队合作能力和问题解决能力。这次活动取得了巨大的成功,不仅提高了学生的人工智能技能,也培养了他们的创新精神和团队合作精神。

其次,国际上也有一些成功案例。新加坡有一所名为南洋初级学院的中学。他们采用了一种名为"学生导向学习"的教学模式,让学生在教师的指导下自主探索和学习人工智能知识。在学期末,学生需要完成一个人工智能项目,并在全校范围内进行展示。教师会对每个项目进行评价,考查的方面包括项目的创新性、完成度,以及学生在项目制作过程中的学习态度和努力程度。这种评价方式让学生有了展示自己的机会,也让教师全面了解了学生的学习情况。

以上这些成功的评价案例和经验,都可以为我们实施中小学人工智能教育评价提供借鉴。无论是深圳市中小学的评价案例,还是新加坡的评价案例,都离不开几个关键因素:一是教师的专业知识和教学技能;二是学校对人工智能教育的重视和支持;三是学生的积极参与和努力学习。只有当这些条件都得到了满足,我们才能成功地实施评价,全面地评估学生的能力和创新成果。

在实施评价的过程中,我们还需要注意几个问题:首先,评价应该是全面的,不仅要考查学生的知识和技能,也要考查他们的态度和努力;其次,评价应该是公正的,不能因为个别因素而对学生进行不公的评价;再次,评价应该有针对性,要根据学生的实际情况,给出具体和实用的反馈和建议。

成功的评价是提高中小学人工智能教育质量的关键。只有通过有效的评价,我们才能了解学生的学习情况,找出他们的优点和不足,从而帮助他们更好地学习。同时,有效的评价也能让我们了解教学效果,找出教学的优点和不足,从而更好地改进教学。因此,我们应该重视评价,努力提高评价的质量和效果。

8.7　评价的策略

在中小学人工智能教育评价中,我们需要采取有效的评价策略。

(1)公正、公平地评价学生的学习情况。在人工智能教育中,我们需要评价学生的知识掌握程度、技能运用能力、创新思维能力等多个方面。这就要求评价方法能够全面地反映学生的学习情况。我们可以采取多元化的评价方法,包括笔试、口试、实践操作、项目设计等,以全面评价学生的学习情况。同时,我们还需要建立一个科学的评分标准,确保每个学生都能得到公正的评价。

(2)全面、准确地评价学生的创新能力和实践能力。在人工智能教育中,创新能力和实践能力非常重要。然而,这两种能力往往难以通过传统的笔试和口试来评价。因此,我们需要采取一些特殊的评价方法。例如,我们可以通过组织各种竞赛活动,观察学生在解决实际问题时的表现,来评价他们的创新能力和实践能力。此外,我们还可以通过分析学生的学习作品,例如他们编写的程序、设计的项目等,来评价他们的创新能力和实践能力。

(3)有效地利用评价结果来指导学生的学习。评价的目的不仅仅是给学生打分,更重要的是通过评价结果来指导学生的学习。我们需要将评价结果反馈给学生,让他们了解自己的优势和短板,从而调整学习策略、提高学习效率。同时,我们也需要将评价结果反馈给教师,让他们了解学生的学习情况,反思教学过程,改进教学方法,调整教学策略,提高教学效果。

在实践中,有一些成功的案例可以为我们提供参考。例如,韩国的一项研究项目使用了机器学习技术来预测老年人的护理需求和资源使用模式,以帮助护理工作者进行案例管理工作。这个项目是第一个使用全国范围内的综合护理管理大数据库进行机器学习和人工智能建模的研究,这个数据库有超过34万个老年福利受益者的案例。研究结果显示,机器学习模型的预测准确率非常高,特别是在健康管理和住房两个方面,预测准确率超过了0.9。

机器学习和人工智能技术也可以有效地应用于教育评价中,帮助我们更准确、更公正地评价学生的学习情况。

8.8 评价结果的反馈

在中小学人工智能教育中,评价结果的反馈是一个至关重要的环节。有效的反馈可以帮助学生、家长和教师了解学生的学习情况,从而帮助学生调整学习计划和学习方法,帮助教师改进教学策略和指导方法。

首先,我们来看看如何将评价结果有效地反馈给学生。学生是学习的主体,有权知道自己的学习情况。因此,教师应该明确、积极地反馈评价结果。例如,教师可以通过一对一的交谈,肯定学生在人工智能项目中的表现,指出他们在知识掌握、技能运用、创新思维等方面的优点和不足,鼓励他们继续努力,保持优势,针对不足寻找改进的方法。

其次,我们来看看如何将评价结果有效地反馈给家长。家长是学生学习的重要合作伙伴,对学生的学习情况非常关心。因此,教师在反馈评价结果时,应该做到真实、全面、细致。例如,教师可以通过家长会,向家长汇报学生学习人工智能课程的进度,讲解学生的学习作品,展示学生的创新成果,让家长了解孩子的学习情况,从而更好地指导孩子的学习。

再次,我们来看看如何将评价结果有效地反馈给教师。教师是学生学习的引导者,需要了解学生的学习情况,以便调整教学策略、提高教学效果。因此,教师在反馈评价结果时,应该深入反思。例如,教师可以通过教学研讨会,分享自己的评价方法和评价结果,听取其他教师的意见和建议,反思自己的教学过程,寻找改进教学策略的方法。

综上所述,评价结果的反馈是一个复杂而重要的过程。它需要教师具备专业的评价知识、熟练的沟通技巧以及敏锐的洞察力。只有这样,教师才能真正实现评价的目的,即促进学生的全面发展,提高学生的创新能力和实践能力。

8.9　利用现代技术改进评价

现代技术,如人工智能和大数据,为我们改进中小学人工智能教育评价提供了新的手段。例如,我们可以利用人工智能技术,自动收集和分析学生的学习数据,全面、准确地评价学生的学习情况。我们也可以利用大数据技术,分析学生的学习行为和学习路径,发现学生的学习规律,提高评价的效果。

随着人工智能和大数据技术的发展,中小学人工智能教育的评价将会出现新的变化。我们需要不断探索和实践,建立科学、有效的评价体系,提高评价的质量和效果。同时,我们也需要关注学生的全面发展,关注学生的创新能力和实践能力的培养。

全面、科学的评价体系应包括多种评价方法和工具的综合应用。例如,可以结合笔试、口试、项目评估和同行评价等,从不同的角度全方位地了解学生的学习情况。同时,评价的标准和流程应该公开,确保所有学生在同等条件下接受评价,避免任何偏见或歧视。

总之,中小学人工智能教育评价是一个复杂而重要的过程。我们需要全面、科学、公正地评价学生的学习情况,关注学生的全面发展,培养学生的创新思维和实践能力。同时,我们也需要利用现代技术,改进评价方法,提高评价效果。只有这样,我们才能更好地开展中小学人工智能教育,培养出适应未来社会的创新人才。

第9章 成功案例分析与启示

在人工智能教学的推广过程中,多所学校采取了积极的策略,并取得了显著成效。以下是一些成功的案例。

9.1 案例一

福田区某中学为培养人工智能创新人才,采取了以下做法:

一、学校环境的现代化

该校实现了校园无线网络全覆盖。各班级配置了交互式多媒体设备和"电子书包"智慧教室系统。学校还成立了校园传媒中心,利用导播系统将各种信息和信号同步采集,通过网络实现远程直播。这说明学校管理者认识到了学校环境的现代化对人工智能教育的重要性。现代化的学校环境可以为学生和教师提供丰富的教学资源,支持各种具有创新性的教学方式,有助于提高教学效率。

二、丰富多样的人工智能课程

该校开设了多样化的人工智能相关课程,如3D打印、编程、定格动画、模拟飞行等。这些课程不仅涵盖了人工智能的多个领域,还与其他学科(如物理、机械、信息技术等)的知识和技能相结合,使学生能够在实践中学习和运用这些知识和技能。

三、注重实践和创新

在课堂教学中,学生可以通过实践活动,如使用3D打印技术实现从设计到制作的全过程,或在模拟飞行课上学习飞行原理和技能,来提高实践能力和创新思维能力。

根据以上分析,我给出以下几点建议,希望能为读者提供创新思维和实践操作的指导:

(1)建设和维护现代化的学校。学校应投入必要的资源来建设和维护现代化的学校环境,包括硬件设施(如计算机设备、网络设施等)和软件资源(如教学软件、学习平台等),为学生和教师提供一个富有创新性的学习环境。

(2)开设多样化的人工智能课程。学校应设计和开设多样化的人工智能课程,以满足学生不同的学习需求。同时,这些课程应与其他学科的知识和技能相结合,以促进跨学科的学习。

(3)实践和创新教学方法。在教学过程中,教师应注重培养学生的实践能力和创新思维。这可以通过设计富有挑战性的项目,鼓励学生进行实践活动,或引导学生解决实际问题等方法来实现。

(4)促进教师专业发展。教师是实施人工智能教育的关键。因此,学校应提供足够多的专业发展机会和资源,以帮助教师提升人工智能教育方面的知识和技能。

9.2 案例二

福田区某小学为培养人工智能创新人才,采取了以下做法:

一、设计进阶式校本课程

该校采用了人工智能教育的进阶式校本课程,旨在让学生通过人工智能课程的学习,在实践中不断提升信息素养、合作精神、创新意识和综合实践能力。这种进阶式的课程设计能够更好地满足学生的学习需求,帮助他们逐步提升技能,培养学习兴趣和实践能力。

二、培养创新精神和实践能力

学校开设人工智能教育课程,旨在培养学生的创新精神和实践能力。在课程学习过程中,学生可以通过实践活动,如编程、制作机器人、云计算、大数据等,来提高实践能力和创新思维。

三、树立正确的技术观和持续学习的意识

学校强调通过人工智能教育,让学生树立正确的技术观,养成持续学习的精神。人工智能教育不仅帮助学生学习技能,更重要的是帮助学生正确理解和应用技术,培养学生自主学习和持续学习的能力。

根据以上分析,我给出以下几点建议,希望能为读者提供创新思维和实践操作的指导:

（1）设计进阶式课程。在设计人工智能教育课程时,教师应考虑到学生的学习需求和能力发展情况,设计出符合学生发展水平的进阶式课程。这种课程可以让学生在满足当前学习需求的同时,逐步提升技能和知识水平。

（2）培养创新和实践能力。在教学过程中,教师应注重培养学生的创新精神和实践能力,可以通过开展各种实践活动,让学生在实践中学习和理解知识,提高创新思维和动手能力。

（3）树立正确的技术观,养成终身学习的习惯。教师应引导学生树立正确的技术观,让他们理解技术的本质和价值,并养成自主学习和持续学习的习惯。这将帮助他们在未来的学习和工作中,更好地理解和应用新技术,提高专业水平,适应社会的发展需求。

9.3　案例三

南山区某教育集团附属小学认识到在中小学阶段开展人工智能教育的重要性,为了提高学生的数字素养,培养他们的创新思维和实践能力,以适应未来社会的需求,采取了以下做法:

一、学校引入了一个人工智能教育实训平台。该平台采用国产自研编程工具,具备图像识别、人脸识别、声音识别等功能,内置卡通元素和 IP 角色等创作素材,方便教师教学和学生实践。

二、开发人工智能校本课程。课程内容围绕人工智能基础知识和技能,以及如何将这些知识用于解决实际问题等方面来编排。

三、开展教师培训。学校还提供了师资培训,以确保教师能有效地指导学生学习人工智能知识和技术。

四、成立人工智能社团。学校成立了专门的人工智能社团,邀请人工智能专家进校园,通过讲座和互动活动让学生直观地感受人工智能的魅力。学校积极鼓励学生通过平台进行实际的项目开发,如创建对话小程序等,以增强实践能力。

这种教育模式成功地提升了学生的自信心和创造力。例如,有学生通过人工智能课程的学习,设计出多个作品,并能流利地介绍这些作品。通过先进的人工智能教育方法,学校对传统教育模式进行了创新,有效地提升了学生的综合素质。

9.4　案例四

广州市某中学一直在中小学中有效地融入人工智能教育。以下是该校开展人工智能教育的详细描述：

一、项目开发和应用

（1）成立创客空间社团。该校的创客空间社团在人工智能教学中扮演了重要角色。社团成员利用人工智能技术开发了实用的应用程序和工具，比如可以生成对话的模型。这些工具旨在解决实际生活中的问题，如家长和孩子沟通困难的问题。

（2）开发亲子沟通模型。社团开发了一个用于加强亲子沟通的人工智能模型。该模型可以生成更温和、更有效的对话建议，帮助家长和孩子扫除沟通障碍。

二、教学方法和策略

（1）以实践为中心进行教学。学校的人工智能教学强调实际应用和实践，鼓励学生通过项目开发学习和应用人工智能技术，提高技术能力和创新思维能力。

（2）跨学科学习。在教学中，人工智能不仅被视为一个独立的学科领域，而且与其他学科如语言学、心理学等进行了整合，可加深学生对人工智能应用的理解。

三、学生发展和成效

（1）改进沟通的技巧。通过开发和使用人工智能工具，学生不仅学习了技术知识，还提高了解决现实问题的能力，在加强亲子沟通方面取得了显著的进展。例如，人工智能可以为学生提供沉浸式的学习体验，增强学习的趣味性，同时促进家长和孩子之间的互动和沟通。人工智能工具也可以帮助家长监督孩子学习，确保孩子合理安排学习时间和休息时间，形成良好的学习习惯。

（2）创新思维的培养。这种以实践和应用为导向的教学方法是一种注重知识应用和能力培养的教学方式。它强调学生在学习过程中的参与和实践，鼓励学生通过解决实际问题来深化理解和掌握技能，能够激发学生的学习兴趣，因为它与学生的现实生活紧密相关，能够使学生看到学习的效果。将理论知识应用到实际情境中,能够让学生更好地理解和记忆知识点,促进知识的内化和吸收。这种教学方法也有助于培养学生的创新思维和问题解决能力。

四、教育影响和意义

(1)教育创新的典范。该校的人工智能教育实践被视为教育创新的典范,展示了如何将先进技术融入传统教育体系。

(2)为未来职业生涯打基础。通过这样的教育实践,学生不仅在技术和创新方面为未来的职业生涯打下了坚实的基础,也为成为负责任的数字公民做好了准备。

该校的人工智能教学实践是广州市开展中小学人工智能教育的优秀案例,不仅提升了学生的技术能力,还培养了他们的创新思维和解决实际问题的能力。

这些案例充分说明我国中小学在人工智能教育方面进行了积极的探索,取得了显著成效。通过现代化的学校环境、多样化的课程设置、重视实践和创新的教学方法,各校在人工智能教育领域取得了显著成就,对教师专业发展越来越重视。这些成功经验不仅为其他学校提供了可借鉴的模式,也为推动中小学人工智能教育的普及和深入发展奠定了基础。

第10章 未来展望与发展策略

在科技飞速发展的今天,人工智能已经渗透到我们生活的各个方面,包括教育领域。中小学作为培养德智体美劳全面发展的社会主义建设者和接班人的重要阵地,在人工智能教育的探索与实践中扮演着重要的角色。本章将深入探讨人工智能技术的发展对中小学教育的影响,中小学人工智能教育的发展策略、未来面临的挑战和发展机遇,如何制定和实施有效的发展策略,以推动中小学人工智能教育的发展。

10.1 人工智能技术的发展对中小学教育的影响

10.1.1 自适应学习

自适应学习,也被称为自适应教学,是一种教育方法。它使用计算机算法以及人工智能来组织与学习者的互动,并提供定制化的资源和学习活动,以满足每个学习者的独特需求。计算机根据学生对问题、任务和经验的反应,调整教育材料的呈现方式,以满足学生的学习需求。这项技术涵盖了各个研究领域的多个方面,包括计算机科学、人工智能、心理测量学、教育学、心理学和脑科学。

10.1.1.1 自适应学习的基本原理和技术

自适应学习系统通常被划分为几个独立的组件或模型。自适应学习系统有不同的模型组,大多数系统包括以下部分模型或全部模型(有时候名字可能不同):

(1)专家模型:存储要教授的信息的模型。

(2)学生模型:跟踪和了解学生的模型。

(3)教学模型:实际传达信息的模型。

(4)教学环境:与系统交互的用户界面。

进行自适应学习的前提是工具或系统能够调整以适应用户的学习方法,从而为用户提供更好、更有效的学习体验。

10.1.1.2　自适应学习系统的优点和价值

研究表明,自适应学习系统在促进学生学习方面具有较好的效果。在最近的 37 项研究中,有 32 项报告了自适应学习系统对学习效果的积极影响。自适应学习的部分驱动力来自这样一种认识:使用传统的、非自适应的方法无法大规模实现定制化的学习。自适应学习系统的目标是将学习者从信息的被动接收者转变为教育过程的合作者。

10.1.1.3　自适应学习在未来中小学教育中的应用和发展

自适应学习的主要应用场景是教育,另一个流行的应用场景是商业培训。自适应学习系统已经被设计成桌面计算机应用程序、网络应用程序,并且正在被引入课程中。

10.1.1.4　自适应学习系统的设计和实现

自适应学习系统的设计和实现需要根据学生的学习历史和实时反馈,动态调整学习内容和难度,评估和优化自适应学习系统的效果。

未来,自适应学习将在中小学教育中发挥越来越重要的作用。通过使用人工智能技术,我们可以为每个学生提供个性化的学习资源和学习路径,最大限度地发挥每个学生的学习潜力,提高学生的学习效率,激发学生的学习兴趣,提高学生学习的积极性。同时,我们也需要面对并解决在进行自适应学习过程中可能遇到的问题。例如:如何将自适应学习系统应用到课堂教学中?如何将自适应学习系统与其他教学方法和技术结合起来?如何解决技术难题、数据隐私和教育公平等问题?

10.1.2　智能辅导

智能辅导是指通过人工智能技术,提供个性化的学习辅导,包括学习策略指导、学习难题解答、学习效果评估等。这种方式能够在教师无法关注每个学生的情况下,提供个性化的学习辅导,帮助学生解决学习中的问题,提高学习效果。

智能辅导系统可以提供 24/7 的学习支持。无论何时何地,学生都可以得到帮助。这种即时、个性化的学习支持,可以大大提高学生的学习效率和满意度。同时,智能辅导系统还可以提供学习策略等方面的建议,帮助学生更有效地学习。

10.1.3　数据驱动的决策

数据驱动的决策是指通过收集和分析学生的学习数据,为教学决策提供依据。这种方式能够帮助教师了解学生的学习情况,及时调整教学策略,提高教学效果,也能帮助学校管理者了解教学质量,为教育改革提供依据。

在人工智能技术的支持下,教师可以获取到更丰富、更详细的学习数据,包括学生的学习进度、学习行为、学习效果等。这些数据不仅可以帮助教师了解每个学生的学习情况,还可以帮助教师发现教学问题、调整教学策略。

10.2　中小学人工智能教育的发展策略

10.2.1　教师培训

教师是人工智能教育的重要推动者。他们的素质和能力直接影响到人工智能教育的质量和效果。因此,加强人工智能教育培训,提高教师的人工智能教育理论知识水平和实践能力,是推动中小学人工智能教育发展的重要策略。

教师培训内容应该包括人工智能基础知识、人工智能教育理论和方法、人工智能教育工具的使用等。通过培训,教师不仅可以了解和掌握人工智能技术,还能够学会如何将人工智能技术应用到教育实践中。

10.2.2　课程开发

课程是人工智能教育的重要载体。高质量的课程能够激发学生的学习兴趣,提高学习效果。因此,开发适合中小学生的人工智能教育课程,包括基础理论课程、实践操作课程、创新设计课程等,是推动中小学人工智能教育发展的重要策略。

课程开发者应该根据学生的年龄和认知水平,设计适合他们的学习内容和活动。同时,课程应该注重理论与实践的结合,让学生在实践中学习和理解人工智能的原理和方法。此外,课程还应该注重创新和探索,鼓励学生自主学习,发挥创新精神,提高实践能力。

10.2.3　打造鼓励创新和探索的学校文化

学校文化是影响学生学习态度和行为的重要因素。打造鼓励创新和探索的学校文化,是推动中小学人工智能教育发展的重要策略。鼓励创新和探索的学校,能够激发学生的创新精神和探索欲望,培养他们的创新能力和实践能力。

学校应该鼓励学生积极参与学习,勇于尝试新的事物,不怕失败;应该鼓励学生批判性思考、独立思考,不盲目接收信息。此外,学校还应该鼓励学生合作学习,互相帮助,共同进步。

10.3　未来中小学人工智能教育可能面临的挑战

10.3.1　技术难题

人工智能技术在教育领域有广泛的应用前景,但是也存在很多现实问题。如何将人工智能技术与教育实践有效结合,如何解决人工智能技术在教育应用中的技术难题,是未来中小学人工智能教育可能面临的挑战。

技术难题包括如何开发适合中小学生的人工智能教育工具,如何保证人工智能教育工具的安全性和可靠性,如何提高人工智能教育工具的易用性和互动性等。解决这些技术难题,需要教育者、工程师、设计者等多方合作和努力。

10.3.2　数据隐私

在人工智能教育中,教师需要收集和分析大量的学生学习数据,这就涉及数据隐私的问题。如何保护学生的数据隐私,防止数据泄露和滥用,是未来中小学人工智能教育面临的挑战。

数据隐私问题包括如何收集和存储学生的学习数据,如何使用和分享学生的学习数据,如何保护学生的学习数据不被泄露和滥用等。要解决这些问题,我们就要制定严格的数据隐私保护政策,建立完善的数据安全机制,增强学生和教师的数据隐私保护意识。

10.3.3　教育公平

人工智能教育需要大量的硬件设备和软件资源。资源丰富的学校和学生能够受到更好的人工智能教育,而资源匮乏的学校则无法为学生提供人工智能教育条件,从而加剧教育的不公平。因此,如何保证教育公平,是未来中小学人工智能教育可能面临的重要挑战。

教育公平问题包括如何保证所有的学生都能够学习和接触到人工智能,如何保证所有的学生都能够享受到高质量的人工智能教育,如何保证所有的学生都能够从人工智能教育中受益等。要解决这些问题,需要政府提供政策支持,社会增加公共投入,学校加强公平管理。

10.4 未来中小学人工智能教育的发展机遇

10.4.1 技术进步

随着人工智能技术的不断进步,其在教育领域的应用将越来越广泛和深入。例如,更加智能的自适应学习系统、更加精准的学习效果评估工具、更加丰富的虚拟实验环境等,都将为中小学人工智能教育的发展提供强大的技术支持。

技术进步不仅可以提高人工智能教育的质量和效果,而且可以扩大人工智能教育的覆盖范围,让更多的学生接触和学习人工智能,还可以提供更多的学习资源和学习方式,丰富学生的学习体验,激发学生的学习兴趣。

10.4.2 社区合作

人工智能教育是一个涉及多方面的复杂系统,需要教育者、学者、企业、政府等多方合作。随着社会对人工智能教育的重视程度不断提高,各方面的合作将更加紧密。这将为中小学人工智能教育的发展提供强大的社会支持。

社区合作可以为学校提供丰富的教育资源,包括人工智能课程、教材、工具、教师等。同时,社区合作还可以为教师和学生提供多元化的学习环境,包括学校、家庭、社区、企业等,让教师和学生在不同的环境中学习和实践人工智能。此外,社区合作还可以提供多方面的支持,包括政策支持、资金支持、技术支持等,推动中小学人工智能教育的发展。

10.4.3 政策支持

随着政府对人工智能教育的重视程度不断提高,各种支持人工智能教育的政策将不断出台。这些政策将为中小学人工智能教育的发展提供强大的政策支持,包括资金支持、人才培养、课程开发等。

政策支持可以促进人工智能教育稳定发展,提供必要的资源和条件。同时,政策支持还可以引导人工智能教育向正确的方向发展,保证教育的公平和质量。此外,政策支持还可以吸引更多的人参与到人工智能教育中来,共同推动人工智能教育的发展。

10.5　如何制定和实施有效的发展策略

10.5.1　制定长远的发展规划

中小学人工智能教育的发展需要长远的规划,包括人工智能教育的目标、路径、方法、评估等。这个规划需要根据学校的实际情况,结合人工智能技术的发展趋势,经过充分的讨论和研究,才能制定出来。

发展规划应该明确以下几个方面的内容:人工智能教育的目标,包括教育的内容、水平、范围等;人工智能教育的路径,包括教育的步骤、方法、资源等;人工智能教育的评估,包括教育的效果、影响、满意度等。

10.5.2　建立多元化的合作机制

中小学人工智能教育的发展,需要学校、家庭、企业、政府等多方合作。因此,需要建立一个多元化的合作机制,包括合作的目标、方式、机制、评估等,以保证合作的效果。

合作机制应该明确以下几个方面的内容:合作的目标、合作的内容、合作的方式、合作的步骤、合作的方法、合作的评估(包括合作的效果、影响、满意度等)。

10.5.3　加强教师的培训

教师是人工智能教育的主导者。他们的专业水平和技能直接影响到人工智能教育的质量和效果。因此,加强教师的培训(包括人工智能教育的理论知识、实践能力、创新能力等)是十分有必要的。

人工智能教育培训应该包括人工智能基础知识、人工智能教育理论和方法、人工智能教育工具的使用等内容。通过人工智能教育培训,教师不仅可以了解和掌握人工智能技术,还能够学会如何将人工智能技术应用到教育实践中,从而更好地利用人工智能技术为教学服务,更有针对性地实施教学。

10.5.4　创新教学方法和评估方式

在开展人工智能教育的过程中,教学方法和评估方式都需要创新,以适应人工智能技术的特点和需求。人工智能是发展很迅猛的新领域,新的技术和理论层出不穷。传统的教学方法和评估方式可能无法跟上它的变化,因此需要创新教学方法来适应新技术的发展。在实际的教学中,教师可以尝试项目化教学、问题导向教学、合作学习等教学方法,可以尝试采取过程评估、同伴评估、自我评估等评估方式。

传统的考试和作业可能无法全面评估学生在人工智能方面的实际能力。创新的评估方式,如项目实践、演示、作品集等,可以更全面地评估学生的知识应用水平和技能水平。创新的教学方法和评估方式,可以提高教学的吸引力,为学生提供更加独特的学习体验,激发学生的学习兴趣,增强学习的趣味性和挑战性,培养学生的创新能力和实践能力。创新教学方法和评估方式是为了更好地适应人工智能的发展趋势,培养学生的创新技能,提高教育质量,以及应对教育领域面临的新挑战。通过教学方法和评估方式的创新,教师可以为学生提供更加丰富的学习体验。

总之,中小学人工智能教育未来的发展充满了挑战和机遇。我们需要认识到人工智能技术的发展对中小学教育的影响,制定和实施有效的发展策略,以推动中小学人工智能教育的发展,为培养未来的创新人才做出贡献。在这个过程中,我们需要关注教育公平问题,确保所有的学生都能够享受到高质量的人工智能教育,从而实现全社会的共同进步。

10.6　小结

人工智能正在改变我们的生活,也正在改变教育。中小学人工智能教育,是新时代教育的重要组成部分,对整个教育领域都产生了深远的影响。我们需要把握人工智能技术的发展趋势,认识到它对教育的影响,制定和实施有效的发展策略,以推动中小学人工智能教育的发展。

首先,我们需要关注人工智能技术的发展对中小学教育的影响。自适应学习、智能辅导和数据驱动的决策等人工智能技术,将为中小学教育带来深刻的变革。面对这些变革,我们需要积极应对,学会利用人工智能技术服务课堂教学,提高教育质量和效率。

其次,我们需要制定和实施有效的中小学人工智能教育发展策略。这包括加强教师培训、开发高质量的课程、打造鼓励创新和探索的学校文化等。通过有效的策略,我们更能推动中小学人工智能教育的发展,培养学生的创新能力和实践能力。

再次,我们需要关注中小学人工智能教育未来可能面临的挑战。这包括技术难题、数据隐私和教育公平等问题。我们需要正视这些问题,寻找解决方案,以保证人工智能教育的健康发展。

最后,我们需要把握中小学人工智能教育的发展机遇。这包括技术进步、社区合作和政策支持等。我们需要抓住这些机遇,全面提升人工智能教育师资水平,构建社会资源支持人工智能教育的格局。

我们需要有长远的眼光、科学的策略、坚定的决心,共同推动中小学人工智能教育的发展,为培养未来的创新人才做出应有的贡献。

附录:人工智能教学案例

案例一:用 Python 设计一个自动解三阶魔方的机器人

1. 背景介绍

在人工智能教育中,设计一个自动解三阶魔方的机器人是一个有趣且富有挑战性的项目。这个项目不仅能够激发学生对机械设计、传感器应用和软件编程的兴趣,而且能帮助他们理解人工智能在解决复杂问题时的应用过程。

2. 项目实施

(1)机械结构设计

1)设计一个能够360°旋转的框架,安装两个步进电机,分别控制魔方的转动和翻转。

2)使用机械爪抓取魔方,确保在解魔方的过程中魔方能够维持稳定。

(2)传感器的使用

1)利用颜色传感器识别魔方每个小块的颜色。

2)利用摄像头给整个魔方拍照,结合图像识别技术判断魔方当前的状态。

(3)软件设计

1)使用魔方公式计算出解魔方所需的每一步操作。

2)根据魔方当前的状态,规划操作顺序表。

3)控制电机使其执行操作表中的每一步操作。

4)运用搜索算法(如 A * 等)求解最优解。

(4)主要代码模块

1)魔方状态扫描和识别。

2)魔方转动控制(步进电机控制)。

3)魔方公式计算和搜索算法(求解最优解法)。

4)操作执行(根据解法控制电机的拧动和翻转)。

3. 创新点

(1)技术融合:结合机械设计、传感器技术和人工智能算法,实现魔方的自动解算。

（2）教育意义:通过实际操作和编程,学生能够深入理解人工智能在解决实际问题时的应用。

4.成果与影响

学生最终设计了一个自动解三阶魔方的机器人。通过该项目,学生不仅提升了编程能力和机械设计能力,还增强了解决复杂问题的能力。该项目为其他类似的人工智能项目提供了参考。

以上是自动解魔方机器人的一个思路,可以继续深入讨论具体的实现方法①。可以利用 Python 的机器视觉、运动控制、路径规划等库来完成机器人的软件开发。

以下是参考代码:

```
# 导入库
from multicamera import Camera System
from RubiksNet import Rubiks Transformer
from kociemba import Kociemba
from motors import Dual Stepper Motor
from gripper import Rubiks Gripper
from ui import Cube UI

import torch
import torch. nn as nn
import numpy as np

# 训练深度学习模型
model = Rubiks Transformer( )
dataset = Cubes Dataset( 10000)
```

---

① 说明:部分案例的代码提供了解决问题的思路,在没有相应数据的情况下可能无法运行。需要根据实际情况提供训练数据,调整数据路径和参数,并且确保有足够的数据和计算资源来运行代码。

```python
model. train( dataset)

# 魔方扫描
class Cube Scanner:

    def __init__( self):
        self. cameras = Camera System()
        self. model = model
    def scan( self):
        # 多视角拍照
        images = self. cameras. capture_multi_view()

        # 深度学习模型预测
        states = [ self. model( img) for img in images]
        cube = self. ensemble( states)
        return cube
# 控制策略
class Control Strategy:
    def shortest_path( self, steps):
        return steps
    def prioritize_x( self, steps):
        sorted_steps = self. sort_by_x( steps)
        return sorted_steps
# 主控制器
class Rubiks Solver:

    def __init__( self, strategy):
        self. strategy = strategy

    def solve( self):
```

```
# 生成解法
steps = solver. solve( cube)

# 应用策略
steps = self. strategy. apply( steps)

# 执行操作
for step in steps:
        executor. execute( step)
```

```
# 初始化
solver = Rubiks Solver( Control Strategy( ) )
solver. solve( )
```

该系统结合了深度学习、控制算法、路径规划等多项技术。

案例二:设计一个可遥控、可站立的两轮平衡机器人

1. 背景介绍

在人工智能教育中,设计一个可遥控、可站立的两轮平衡机器人是一个具有挑战性的项目。这个项目不仅能够培养学生的动手能力,还能让他们理解机器人控制和平衡算法的基本原理。

2. 项目实施

(1)机械结构设计

设计一个能够实现两轮平衡的机器人,确保其稳定性。

(2)传感器使用

利用陀螺仪和编码器读取机器人的动态数据,确保机器人能够实现自平衡。

(3)软件设计

1)编写控制算法,使用运动学公式更新电机角度参考量。

2)实现 PID 控制算法,计算电机速度,包括遥控输入、闭环控制、自平衡等主要功能。

（4）主要代码模块

1）陀螺仪校准。

2）传感器数据读取。

3）控制策略实现（包括最短路径和优先级排序）。

4）主控制器实现，整合所有控制逻辑。

3. 创新点

（1）技术融合：结合遥控技术和自平衡算法，实现机器人的动态控制。

（2）教育意义：通过实际操作和编程，学生能够深入理解机器人控制和平衡算法。

4. 成果与影响

学生成功开发了一个可遥控、可站立的两轮平衡机器人。通过该项目，学生不仅提升了编程能力和机械设计能力，还增强了解决动态平衡问题的能力。该项目也为其他类似的人工智能教育提供了参考。

以下为部分代码：

```python
import time
import math
class BalanceBot:
    def __init__(self):
        # 初始化各种参数和系数值
        # ......
        self.motor_speed_ref = 0
        self.motor_angle_ref = 0
    def calibrate_gyro(self):
        # 陀螺仪校准
        # ......
    def read_sensors(self):
        # 读取陀螺仪和编码器
        # ......
        return gyro_rate, motor_angle
```

```
def control( self) :
    # 计算控制量
    # 使用运动学公式更新参考角度和速度
    self. motor_angle_ref += self. motor_speed_ref * self. loop_time
    # PID 控制
    motor_duty = pid_control( sensor_values, reference_values)
    # 设置电机速度
    set_motor_speed( motor_duty)
def update_reference( self) :
    # 从遥控器读取操纵量,更新速度和转向参考量
    joystick = read_joystick( )
    self. motor_speed_ref = map_joystick_to_speed( joystick)
    self. motor_steering_ref = map_joystick_to_steering( joystick)
def run( self) :
    while True:
        self. update_reference( )
        gyro, motor = self. read_sensors( )
        self. control( )
        time. sleep( self. loop_time)
bot = BalanceBot( )
bot. calibrate( )
bot. run( )
```

本程序通过遥控器读取操纵量,更新速度和转向参考量。使用运动学公式更新电机角度参考量。PID 控制算法计算电机速度,包括遥控输入、闭环控制、自平衡等主要功能。

案例三:设计一个垃圾分类机器人

1. 背景介绍

在城市化进程中,垃圾分类成了重要议题。一所中学的学生小组,利用人工智能技术研发了一个垃圾分类机器人。这个项目获得了学校和社区的支持,

并在校园内进行试点。

2. 项目实施

学生们首先调查了校园内的垃圾分类现状,并学习了人工智能的基本原理。他们利用深度学习算法,训练机器人识别不同类型的垃圾。通过编程控制,机器人能够自动在校园内巡逻,识别垃圾并分类。

3. 创新点

(1)技术融合:结合物联网技术和人工智能,实现垃圾自动分类。

(2)学生参与:完全由学生设计、编程和测试,体现了中小学生的创新能力。

(3)社区互动:与社区合作,在社区内推广机器人应用,提高居民的环保意识。

4. 成果与影响

机器人成功在学校投入使用,显著提高了垃圾分类的准确率和效率。

设计垃圾分类机器人的详细代码涉及多个方面,包括机器学习、机器人控制、图像处理等。这是一个相对复杂的项目,完整的代码可能会非常长。这里提供一个简化的示例,主要集中在机器学习模型的创建和训练部分。这是设计垃圾分类机器人的核心环节。假设要创建一个能够通过图像识别垃圾并分类的机器学习模型,我们可以使用 Python 编程语言和一些流行的机器学习库,如 TensorFlow、Keras。

以下为部分代码:

```
import tensorflow as tf
from tensorflow. keras. models import Sequential
from tensorflow. keras. layers import Conv2D, MaxPooling2D, BatchNormalization
from tensorflow. keras. layers import Activation, Dropout, Flatten, Dense
from tensorflow. keras. preprocessing. image import ImageDataGenerator
from tensorflow. keras. callbacks import EarlyStopping
from sklearn. metrics import classification_report, confusion_matrix
import numpy as np
```

```python
# 假设的类别数量和图像尺寸
num_classes = 2
img_width, img_height = 150, 150
train_data_dir = 'data/train'  # 训练集路径
validation_data_dir = 'data/validation'  # 验证集路径
epochs = 50
batch_size = 16

# 构建模型
model = Sequential()
model.add(Conv2D(32, (3, 3), input_shape = (img_width, img_height, 3)))
model.add(Activation('relu'))
model.add(BatchNormalization())
model.add(MaxPooling2D(pool_size = (2, 2)))

model.add(Conv2D(64, (3, 3)))
model.add(Activation('relu'))
model.add(BatchNormalization())
model.add(MaxPooling2D(pool_size = (2, 2)))

model.add(Conv2D(128, (3, 3)))
model.add(Activation('relu'))
model.add(BatchNormalization())
model.add(MaxPooling2D(pool_size = (2, 2)))

model.add(Flatten())
model.add(Dense(64))
model.add(Activation('relu'))
model.add(Dropout(0.5))
```

```
model. add( Dense( num_classes) )
model. add( Activation( 'softmax') )

model. compile ( loss = 'categorical_crossentropy',
                 optimizer = 'adam',
                 metrics = [ 'accuracy'] )


# 数据增强
train_datagen  =  ImageDataGenerator(
    rescale = 1. /255,
    shear_range = 0. 2,
    zoom_range = 0. 2,
    horizontal_flip = True)


validation_datagen  =  ImageDataGenerator( rescale = 1. /255)


train_generator  =  train_datagen. flow_from_directory(
    train_data_dir,
    target_size = ( img_width,  img_height) ,
    batch_size = batch_size,
    class_mode = 'categorical')


validation_generator  =  validation_datagen. flow_from_directory(
    validation_data_dir,
    target_size = ( img_width,  img_height) ,
    batch_size = batch_size,
    class_mode = 'categorical')


# 早停以防过拟合
early_stopping  =  EarlyStopping( monitor = 'val_loss',  patience = 10)
```

```
# 训练模型
history = model.fit(
    train_generator,
    steps_per_epoch = train_generator.samples // batch_size,
    epochs = epochs,
    validation_data = validation_generator,
    validation_steps = validation_generator.samples // batch_size,
    callbacks = [early_stopping])


# 评估模型
validation_generator = validation_datagen.flow_from_directory(
    validation_data_dir,
    target_size = (img_width, img_height),
    batch_size = batch_size,
    class_mode = 'categorical',
    shuffle = False)


predictions = model.predict(validation_generator, steps = validation_generator.samples // batch_size)
predicted_classes = np.argmax(predictions, axis = 1)
true_classes = validation_generator.classes
class_labels = list(validation_generator.class_indices.keys())


report = classification_report(true_classes, predicted_classes, target_names = class_labels)
print(report)


# 计算混淆矩阵
cm = confusion_matrix(true_classes, predicted_classes)
print(cm)
```

案例四:设计一个 AI 智能农业监控系统

1. 背景介绍

在一个农业重镇,中学生们注意到农民在农作物管理上存在困难,因此决定开发一个 AI 智能农业监控系统,帮助提高农作物的产量和质量。

2. 项目实施

学生们设计了一个 AI 智能农业监控系统,使用传感器收集农田数据(如土壤湿度、气候条件等),并通过机器学习模型分析数据,预测作物生长情况和病虫害发生的概率。

3. 创新点

(1)技术创新:集成物联网和人工智能,自动监测和分析农田环境。

(2)实际应用:解决了当地农民在农作物管理上的实际问题。

(3)社区参与:与当地农民合作,使得技术解决方案更加符合实际需要。

4. 成果与影响

该系统投入使用后,显著提高了作物管理的效率和产量。

以下为部分代码:

```python
import pandas as pd
from sklearn. model_selection import train_test_split, GridSearchCV
from sklearn. ensemble import RandomForestClassifier
from sklearn. metrics import accuracy_score, classification_report
from imblearn. over_sampling import SMOTE
from sklearn. feature_selection import SelectFromModel
from sklearn. pipeline import Pipeline
from sklearn. preprocessing import StandardScaler


# 假设有一个 CSV 文件包含农作物的数据
data_file = 'agriculture_data. csv'


# 读取数据
data = pd. read_csv( data_file)
```

```
# 数据预处理
# 可以根据需要添加额外的特征构造和处理逻辑

# 特征和目标
X = data.drop('Health', axis=1)
y = data['Health']

# 数据增强
smote = SMOTE()
X_res, y_res = smote.fit_resample(X, y)

# 数据划分
X_train, X_test, y_train, y_test = train_test_split(X_res, y_res, test_size=
0.2, random_state=42)

# 参数优化
param_grid = {
    'randomforestclassifier__n_estimators': [100, 200],
    'randomforestclassifier__max_depth': [None, 10, 20],
    'randomforestclassifier__min_samples_split': [2, 5]
}

# 构建管道
pipeline = Pipeline([
    ('scaler', StandardScaler()),
    ('feature_selection', SelectFromModel(RandomForestClassifier())),
    ('randomforestclassifier', RandomForestClassifier())
])

# 网格搜索
```

```
grid_search = GridSearchCV(pipeline, param_grid, cv = 5)
grid_search. fit( X_train, y_train)

# 最佳模型
best_model = grid_search. best_estimator_

# 模型评估
predictions = best_model. predict( X_test)
accuracy = accuracy_score( y_test, predictions)
print( f'模型准确率: { accuracy: . 2f} ')
print( classification_report( y_test, predictions) )

# 特征重要性分析
feature_importances = best_model. named_steps[ 'randomforestclassifier'] . feature_importances_
print( feature_importances)
```

案例五:设计一个智能交通管理系统

1. 背景介绍

城市交通拥堵是一个普遍的问题。一所中学的学生团队决定开发一个基于人工智能的智能交通管理系统,旨在优化交通流量并减少拥堵。

2. 项目实施

学生们设计了一个利用摄像头监控交通流量的系统,并通过机器学习算法分析实时数据,以优化交通信号灯的调度。他们还集成了实时天气信息和特殊事件(如交通事故或道路维修)数据来调整信号灯。

3. 创新点

(1)数据整合:整合了交通流量、天气信息和实时事件数据。

(2)实时响应:动态调整交通信号灯,以适应不断变化的交通条件。

(3)社区合作:与当地政府和交通管理部门合作,进行实地测试和部署。

4.成果与影响

该项目在一定的区域内进行了试点,有效缓解了交通拥堵问题,为城市交通管理提供了新的思路。

智能交通管理系统是一个复杂的项目,涉及多个技术领域,包括图像处理、机器学习、物联网等。这里提供一个简化的示例,重点展示如何使用机器学习算法来分析交通摄像头拍摄的图像的数据,以预测交通流量和优化信号灯的调度。

假设我们有交通摄像头拍摄的图像数据,以及与图像对应的交通流量标签。我们可以使用卷积神经网络来处理这些图像数据并预测交通流量。以下是使用 Python 和 TensorFlow、Keras 编写的代码示例。

```python
import tensorflow as tf
from tensorflow. keras. models import Sequential
from tensorflow. keras. layers import Conv2D, MaxPooling2D, Flatten, Dense
from tensorflow. keras. proprocessing. image import ImageDataGenerator


# 图像尺寸和通道设置
img_width, img_height = 150, 150
input_shape = (img_width, img_height, 3)


# 创建模型
model = Sequential([
    Conv2D(32, (3, 3), activation = 'relu', input_shape = input_shape),
    MaxPooling2D(2, 2),

    Conv2D(64, (3, 3), activation = 'relu'),
    MaxPooling2D(2, 2),

    Conv2D(128, (3, 3), activation = 'relu'),
    MaxPooling2D(2, 2),
```

```
    Flatten( ),
    Dense( 128, activation = 'relu'),
    Dense( 1, activation = 'sigmoid') # 使用 sigmoid 作为最后一层,预测交
通是否拥堵
    ])
```

```
model. compile( optimizer = 'adam', loss = 'binary_crossentropy', metrics
= [ 'accuracy'] )
```

```
# 训练集和验证集的准备
train_datagen = ImageDataGenerator( rescale = 1. /255)
val_datagen = ImageDataGenerator( rescale = 1. /255)
```

```
train_generator = train_datagen. flow_from_directory(
    'data/train', # 训练集目录
    target_size = ( img_width, img_height),
    batch_size = 32,
    class_mode = 'binary')
```

```
validation_generator = val_datagen. flow_from_directory(
    'data/validation', # 验证集目录
    target_size = ( img_width, img_height),
    batch_size = 32,
    class_mode = 'binary')
```

```
# 训练模型
model. fit(
    train_generator,
    steps_per_epoch = train_generator. samples // train_generator. batch_size,
    epochs = 10,
```

validation_data = validation_generator,

validation_steps = validation_generator. samples // validation_generator. batch_size)

案例六:开发一个 AI 音乐创作工具

1. 背景介绍

音乐创作对于很多学生来说是一个挑战。一个初中音乐兴趣小组利用人工智能技术开发了一个音乐创作工具,旨在激发学生的创意并帮助他们创作音乐。

2. 项目实施

该工具使用机器学习算法分析和学习各种音乐风格,用户可以根据自己的喜好选择风格和乐器,人工智能工具会自动生成音乐作品。

3. 创新点

(1)风格多样:能够生成多种音乐风格,满足不同用户的需求。

(2)创造性支持:提供创意灵感,帮助学生开展音乐创作。

(3)教育结合:成为音乐教学中的有力工具,激发学生创作音乐的兴趣。

4. 成果与影响

这个工具在学校音乐节和其他文化活动中得到了广泛应用,激发了学生创作音乐的兴趣。

AI 音乐创作工具的开发涉及音乐理论、音频处理和机器学习等多个领域。一个典型的 AI 音乐创作工具可能会使用某种形式的机器学习模型,如循环神经网络(RNN)或变分自编码器(VAE),来生成音乐片段。下面我提供一个简化的示例,展示如何使用 Python 和 TensorFlow 来创建一个基本的音乐生成模型。

在这个示例中,我们使用了长短时记忆网络(LSTM)———一种特殊类型的循环神经网络,来生成简单的音乐序列。这个示例基于 MIDI 音乐数据,MIDI 是一种表示音乐信息的标准格式。

以下代码是一个基本示例。真实的音乐生成模型需要更复杂的架构和大量的训练数据。

```
import tensorflow as tf
from tensorflow. keras. layers import LSTM, Dense, Activation
```

```
from tensorflow. keras. models import Sequential
from music21 import converter, instrument, note, chord
import numpy as np

# 准备数据集
# 假设有一个包含 MIDI 文件的目录
midi_folder = 'midi_songs/'

notes = []
for file in os. listdir( midi_folder):
    midi = converter. parse( midi_folder + file)
    notes_to_parse = None
    try: # 文件可能包含多个乐器部分
        s2 = instrument. partitionByInstrument( midi)
        notes_to_parse = s2. parts[0]. recurse()
    except:
        notes_to_parse = midi. flat. notes

    for element in notes_to_parse:
        if isinstance( element, note. Note):
            notes. append( str( element. pitch))
        elif isinstance( element, chord. Chord):
            notes. append( '. '. join( str( n) for n in element. normalOrder))

# 将音符转换为数字
unique_notes = sorted( list( set( notes)))
note_to_int = dict(( note, number) for number, note in enumerate( unique_
notes))

# 创建输入序列和相应的输出
```

```
sequence_length = 100
network_input = [ ]
network_output = [ ]
for i in range(0, len(notes) - sequence_length, 1):
    sequence_in = notes[i: i + sequence_length]
    sequence_out = notes[i + sequence_length]
    network_input.append([note_to_int[char] for char in sequence_in])
    network_output.append(note_to_int[sequence_out])


n_patterns = len(network_input)
```

将输入和输出重塑为 LSTM 模型所需的格式

```
network_input = np.reshape(network_input, (n_patterns, sequence_length,
1))
network_input = network_input / float(len(unique_notes))
network_output = tf.keras.utils.to_categorical(network_output)
```

创建模型

```
model = Sequential()
model.add(LSTM(256, input_shape = (network_input.shape[1], network_in-
put.shape[2]), return_sequences = True))
model.add(LSTM(256))
model.add(Dense(len(unique_notes)))
model.add(Activation('softmax'))


model.compile(loss = 'categorical_crossentropy', optimizer = 'rmsprop')
```

训练模型

```
model.fit(network_input, network_output, epochs = 50, batch_size = 64)
```

案例七：设计一个 AI 辅助语言翻译工具

1. 背景介绍

为了帮助学生学习新语言和理解外文文献，一群学生设计了一个 AI 辅助语言翻译工具。

2. 项目实施

该工具利用先进的自然语言处理技术，如神经机器翻译（NMT），提供高质量的文本翻译服务。它支持多种语言，并能够根据上下文提供准确的翻译。

3. 创新点

（1）多语言支持：覆盖多种不同的语言，提高工具的适用性。

（2）上下文感知：能够理解和翻译具有复杂语境的句子。

（3）教育融合：作为学习资源，帮助学生学习不同的文化和语言。

AI 辅助语言翻译工具的实现涉及自然语言处理（NLP），特别是神经机器翻译技术。在这个简化的示例中，我们将使用 Hugging Face 的 Transformers 库来创建一个基本的文本翻译模型。

```
from transformers import MarianMTModel, MarianTokenizer
def translate(text, model_name):
    tokenizer = MarianTokenizer.from_pretrained(model_name)
    model = MarianMTModel.from_pretrained(model_name)
    # 将文本编码并生成翻译
    translated = model.generate(**tokenizer(text, return_tensors="pt", padding=True))
    # 解码翻译结果
    return tokenizer.decode(translated[0], skip_special_tokens=True)
# 示例：将英语翻译成德语
src_text = "This is a great day to learn AI."
model_name = "Helsinki-NLP/opus-mt-en-de"
translated_text = translate(src_text, model_name)
print(f"原文: {src_text}")
print(f"翻译: {translated_text}")
```

在这个示例中，我们使用了 Helsinki-NLP 团队提供的预训练模型。该模型能够将英语文本翻译成德语。Transformers 库提供了多种不同语言的翻译模型，我们可以根据需要选择合适的模型。

案例八：开发一个 AI 健康营养顾问应用

1. 背景介绍

考虑到学生们对健康饮食的需要，一所初中的学生团队开发了一个 AI 健康营养顾问应用，旨在提供个性化的饮食建议。

2. 项目实施

该应用程序使用机器学习算法来分析用户的饮食习惯和营养需求，为用户提供定制化的饮食计划。它还能根据用户的健康目标（如减重、增肌等）给出建议。

3. 创新点

（1）个性化推荐：基于用户特定的需求和目标提供饮食建议。

（2）交互性强：用户可以输入自己的饮食数据和健康目标。

（3）健康教育：增强学生对健康饮食和营养的认识。

开发 AI 健康营养顾问应用涉及数据分析、机器学习以及自然语言处理技术。我们可以使用一个简单的机器学习模型来提供个性化的饮食建议。以下是一个基础的示例，演示了如何使用 Python 和 Scikit-learn 创建一个简单的分类模型，这个模型可以根据用户的健康数据（如年龄、体重、身高等）来推荐适合的饮食类型。

```python
from sklearn. ensemble import RandomForestClassifier

from sklearn. model_selection import train_test_split

from sklearn. metrics import accuracy_score

import pandas as pd

# 假设我们有一份包含用户健康数据和饮食建议的数据集

data = pd. read_csv('health_nutrition_data. csv')

# 特征和标签

# 假设特征包括 'Age', 'Weight', 'Height' 等，标签是 'Diet_Type'

X = data[['Age', 'Weight', 'Height']]
```

```
y = data['Diet_Type']

# 分割数据为训练集和测试集
X_train, X_test, y_train, y_test = train_test_split(X, y, test_size = 0.2,
random_state = 42)

# 使用随机森林分类器
classifier = RandomForestClassifier(n_estimators = 100)
classifier.fit(X_train, y_train)

# 进行预测
predictions = classifier.predict(X_test)

# 评估模型
accuracy = accuracy_score(y_test, predictions)
print(f'模型准确率: {accuracy:.2f}')

# 针对一个新用户进行饮食类型推荐
new_user = pd.DataFrame([[25, 70, 175]], columns = ['Age', 'Weight',
'Height'])
recommended_diet = classifier.predict(new_user)
print(f'推荐的饮食类型: {recommended_diet[0]}')
```

案例九：设计一个 AI 天气预报助手

1. 背景介绍

一群高中生对气候变化和天气预报产生了浓厚的兴趣,于是决定开发一个 AI 天气预报助手,以提供更准确的本地天气预测信息。

2. 项目实施

学生们使用机器学习算法,如时间序列分析和神经网络,分析历史气象数据,预测未来的天气状况。他们还设计了一个友好的界面,让用户可以查询特定日期和地点的天气预测信息。

3. 创新点

（1）数据分析：利用历史气象数据进行深入的分析和学习。

（2）交互设计：开发易于使用的查询界面，提升用户的体验。

（3）教育应用：在学校科学课程中作为实际案例，帮助学生理解气象科学。

设计 AI 天气预报助手涉及时间序列分析和机器学习。一个有效的 AI 天气预报系统可以使用历史气象数据来预测未来的天气状况。以下是一个简化的示例，演示了如何使用 Python 和 Scikit-learn 来构建一个天气预测模型。以下示例将使用随机森林回归模型来预测未来的气温。

```
import pandas as pd
from sklearn. ensemble import RandomForestRegressor
from sklearn. model_selection import train_test_split
from sklearn. metrics import mean_squared_error
import numpy as np


# 假设我们有一份包含历史气象数据的 CSV 文件
# 数据包括日期、最高温度、最低温度、降水量等
data = pd. read_csv('weather_data. csv')


# 以日期作为索引
data['Date'] = pd. to_datetime( data['Date'])
data. set_index('Date', inplace = True)


# 使用过去的数据来预测未来的最高温度
# 例如，使用前 3 天的数据来预测第 4 天的最高温度
past_days = 3
for i in range(1, past_days + 1):
data[ f'High_{i}d_ago'] = data['High']. shift( i)


# 删除缺失值
```

```
data. dropna( inplace = True)

# 特征和标签
X = data[ [ f'High_{i}d_ago' for i in range( 1, past_days + 1) ] ]
y = data[ 'High']

# 将数据分为训练集和测试集
X_train, X_test, y_train, y_test = train_test_split( X, y, test_size = 0. 2,
random_state = 42)

# 使用随机森林回归器
regressor = RandomForestRegressor( n_estimators = 100)
regressor. fit( X_train, y_train)

# 进行预测
predictions = regressor. predict( X_test)

# 评估模型
mse = mean_squared_error( y_test, predictions)
print( f'均方误差: {mse: . 2f}')

# 预测未来某一天的最高温度
future_data = np. array( [ [ 23, 25, 22] ] ) # 假设的过去三天最高温度数据
predicted_temperature = regressor. predict( future_data)
print( f'预测的最高温度: {predicted_temperature[ 0] : . 2f}°C')
```

这个代码示例使用了随机森林回归模型来预测基于过去几天的数据的未来气温。这只是一个基础示例,实际的天气预报模型可能需要考虑更多的气象因素,如湿度、风速、大气压力等,并且可能会使用更复杂的模型。此外,准确的天气预报还需要大量的历史数据,需要对特定地区的气候特性有深入的了解。

案例十：开发一个 AI 语音导航助理

1. 背景介绍

为提升导航体验，学生开发了一个 AI 语音导航助理。它可以根据实时交通状况提供语音指令和路线建议。

2. 项目实施

集成语音识别和合成技术。

实时分析交通数据，动态调整路线。

通过自然语言处理提供友好的交互体验。

AI 语音导航助理的核心功能之一是实现语音识别和响应。我们可以使用 Python 的一些库来创建一个简单的语音识别和响应系统。这个系统能够识别用户的语音指令，并给出回复。以下是一个基础的代码示例。

```python
import speech_recognition as sr
from gtts import gTTS
import playsound
import os
import random


def recognize_speech_from_mic( recognizer, microphone) :
    """ 使用麦克风识别语音 """
    if not isinstance( recognizer, sr. Recognizer) :
        raise TypeError("'recognizer' 必须是 'Recognizer' 实例")

    if not isinstance( microphone, sr. Microphone) :
        raise TypeError("'microphone' 必须是 'Microphone' 实例")

    with microphone as source:
        recognizer. adjust_for_ambient_noise( source)
        audio = recognizer. listen( source)

    response = {
```

```
            "success": True,
            "error": None,
            "transcription": None
        }

        try:
            response["transcription"] = recognizer. recognize_google( audio, language = 'zh-CN')
        except sr. RequestError:
            response["success"] = False
            response["error"] = "API 不可用"
        except sr. UnknownValueError:
            response["error"] = "无法识别语音"

        return response

    def speak( text):
        """ 将文本转换为语音并播放 """
        tts = gTTS( text = text, lang = 'zh-cn')
        filename = f"voice - { random. randint( 0, 100000) } . mp3"
        tts. save( filename)
        playsound. playsound( filename)
        os. remove( filename)

    # 创建识别器和麦克风实例
    recognizer = sr. Recognizer( )
    microphone = sr. Microphone( )

    print("请说话...")
    speech = recognize_speech_from_mic( recognizer, microphone)
```

```
if speech["transcription"]:
    print("你说:", speech["transcription"])
    response_text = "收到指令:" + speech["transcription"]
    speak(response_text)
elif speech["success"]:
    print("无法理解你的话,请再试一次")
else:
    print(f"错误: {speech['error']}")
```

此代码示例包括语音识别和语音到文本的转换。用户说话后,程序将捕获语音并将其转换为文本,然后系统会对识别到的指令进行简单的回应。

这是一个基础的示例。实际的 AI 语音导航助理可能需要更强的自然语言处理能力来理解复杂的指令,并集成地图 API 来提供实时导航服务。此外,实际应用中还需要考虑环境噪音处理、错误处理和更流畅的用户交互体验。